此书获国家自然科学基金委员会（项目号：71272190）资助

跳单问题的法律经济学研究

Deal-Switching: A Law and Economics Approach

于立 等／著

法律出版社
LAW PRESS·CHINA

作者简介

于　立

经济学博士，教授，产业经济学和法律经济学两个专业的博士生导师。主要研究领域为产业组织理论、法理经济学和竞争政策。

原任天津财经大学副校长，东北财经大学MBA学院院长，产业组织与企业组织研究中心主任（教育部人文社科重点研究基地）。

现任天津市法律经济分析与政策评价中心主任，国务院反垄断委员会专家咨询组成员，中国工业经济学会副会长，全国企业管理研究会副会长。

曾任国务院学位委员会学科评议组成员，全国MBA教育指导委员会委员，教育部工商管理学科教学指导委员会委员。

目录

附录：

前　言

本书是由我主持的国家自然科学基金项目“跳单问题的 B-T-C 范式与应用”（批准号：71272190）的主要研究成果汇集而成的。该项目的主要内容早在 2010 年就开始展开调研讨论；2012 年年初提交申请，同年 8 月正式批准立项；2016 年 12 月结题。当然，有关的拓展研究还在继续。从发现研究问题到完成项目后评估，可谓“八年磨一剑”。

跳单问题可以从经济学、管理学角度进行研究，这也是项目最初申报时的学科归属。其实，法律经济学（即用经济学的方法研究法律规范问题）是个更好的视角,因为跳单问题主要是管理、制度、法律、政策等多种因素作用的表象,而对这些因素的学理研究都是高度相通的。我们目前的研究已经引起了法学界的关注,相关的研究成果也得到了反垄断执法机构的认可和采纳。

全书共分 8 章。正文前的名词释义(Glossary)是整本书涉及的基本概念,在某种意义上说,它也许构成了跳单经济学的框架体系。第 1 章为引论,侧重讨论跳单问题的B-T-C研究范式与基本概念;第 2 章至第 6 章是项目组已经发表的 5 篇论文,分别结合不同的典型跳单案例,从不同的角度形成并阐释跳单经济学的理论与应用,考虑到全书的整体性,成书时对该部分内容进行了简单修订;第 7 章为跳单理论的另外 4 个应用案例;第 8 章为同行评价和学术影响。附录中的 2 个英文附件是本项目的 2 个核心成果在用中文发表后,为更好传播中国的经济学研究成果,中国社会科学院的《中国经济学人》(China Economist)编辑部组织翻译并对外发表的 2 篇英文文章。

传闻科学大师爱因斯坦曾说过:“一个人到 60 岁,除去吃饭、睡觉、工作,还有很多业余的时间。如果能够好好利用这些时间,完全可以在一门学科上有所建树。”我也想配上这样的话:“一个人过了 60 岁,除去吃饭、睡觉,还有很多工作的时间。而且可以不为职称、不求官衔、不看眼色、不急发表,只要选好方向,为学日益,为道日损,完全可以比从前更能在一门学科上有所建树。”这也是我沿着法律经济学(law and economics)之路,创新思维,潜心研究,争取用10年时间建立起法理经济学(economics of jurisprudence)理论体系(至少写成一本书)的初心。

在项目研究和书稿整理过程中,许多学者提供了各方面的建议和帮助。他们分别是:美国科罗拉多大学陈勇民教授,南加州大学谭国富教授,佛罗里达大学索科尔(Daniel Sokol)教授,加拿大卡尔顿大学陈智琦教授,英属哥伦比亚大学罗斯(Thomas Ross)教授,英国诺丁汉大学王成岐教授,香港岭南大学林平教授,浙江大学熊秉元教授,复旦大学郁义鸿教授,东北财经大学刘凤芹教授、卢昌崇教授,辽宁大学李平教授,首都经贸大学高闯教授等。

我是本项目的负责人,刘玉斌为项目助理,王玥为项目秘书。项目组其他成员有冯博、徐志伟、王继平、汪青松、张杰、刘婵、徐洪海、杨童、王晔、王楠、李娜、傅静等。本书的主要作者有于立、冯博、徐志伟、徐洪海和王玥。

感谢为本项目和本书提供帮助和作出贡献的人们!

于　立

2018年3月1日

名词释义

Glossary

跳单行为——Deal-Switching 或称 Jump-Dealing

词义相近的有 showrooming 和 window-shopping。一般是指在存在三方交易主体的情况下,其中两方合作或合谋,跳过第三方而谋取利益的行为。跳单行为具有二重性。

跳单二重性——Duality of Deal-Switching 或称 Duality of Jump-Dealing

跳单行为同时具有两方面性质:一方面能促进竞争,降低价格,对消费者有利;另一方面由于存在“搭便车”的因素,也可能损害他人利益。简单的觅价行为不构成跳单,因为不存在“搭便车”的情况。跳单二重性意味着,跳单行为是否合法、是否合理都还具有不确定性。

B-T-C 范式——B-T-C Paradigm

这也是用于研究不同情景下跳单问题(跳单行为的起因、本质和影响等)的基本框架和分析范式。其中 B 代表原商,T 代表中介,C 代表顾客或消费者。B-T-C 范式可以弥补双边市场理论的不足。

互克理论——The Offsetting Theory

本书中是指跳单与维持转售价格(resale price maintenance,RPM)之间具有相互抵消的作用,因而竞争政策实施机构需要更多地使用"合理推定原则"(rule of reason),审时度势。完整的"互克理论"包括关于渠道价差的"两个引理"、跳单与 RPM 互克的"基本定理"、二者竞争效应的"二重组合"以及反垄断执法的"三区划分"。

法律经济学——Law and Economics

这是用经济学的理论和方法研究法律问题的学科,本质上属于经济学门类。法律经济学在国际上已经是成熟的学科,有大量的论文、著作、手册和百科全书,已经形成相对完善的学科体系。虽然法律经济学还没被正式列入我国的学科目录,但相关的研究和成果越来越多。

法理经济学——Economics of Jurisprudence

这是用经济学的理论和方法研究法理(jurisprudence)问题的学科,本质上属于经济学门类。目前国内外尚无完整的理论体系，这是我们计划用 10 年时间建立的新学科。它位于法律经济学整个学科的哲学层次。

竞争政策——Competition Policy

这是基于《反垄断法》的一系列政策的总称，是发挥市场配置资源和激励主体决定性作用的主要政策工具，在我国主要是依靠“公平竞争审查”制度予以落实。从长远来看，产业政策与竞争政策之间将呈现“此消彼长”的变化趋势。

双边市场——Two-Sided Market

双边市场一般是指平台企业面临的市场格局。与传统的单边市场相比，双边市场出现了许多新问题，比如双边市场条件下的相关市场界定就更为复杂。当存在跳单问题时，B-T-C 范式可以弥补双边市场理论的不足。

维持转售价格——Resale Price Maintenance(RPM)

这是产业组织理论和法律经济学中研究“纵向限制”(vertical restraint)问题时常用的概念，它对应《反垄断法》第 14 条规定的三种行为(固定转售价格、限定最低转售价格、其他特定行为)。RPM 有限制价格竞争的负效应，也有促进非价格竞争的正效应，因而，各国反垄断执法对其逐步由适用“本身违法原则”(per se illegal)转为适用“合理推定原则”(rule of reason)。RPM 常被用来限制渠道价差，进而抑制跳单行为。通常情况下，RPM 效果越明显，渠道价差越小，且价格趋于更高水平。

渠道价差——Price Differential between Distributing Channels

一般是指相同商品或服务在不同经销渠道之间的价格差额，它具体可以表现为信息成本、店面成本、租金成本、专利成本、关税成本等广义的交易成本。通常情况下，渠道价差的大小与跳单频繁度成正比。从长远来看，跳单会促使渠道价差缩小，且使价格趋于较低水平。

租金结构——Tenancy Structure

在一般的租约合同中，租金结构通常是指固定租金与分成租金的比例构成，具体可分为纯固定租金（分成租金为零）、纯分成租金（固定租金为零）和混合租金（固定租金和分成租金都不为零）。租约条款的不同安排会对签约双方的行为产生不同的影响并决定合约的效率。租约中的分成租金是诱发跳单行为的重要因素，当存在跳单现象时，混合租金结构将成为首选。

中介选弃——Intermediation-Selecting

这是指顾客由于渠道价差过大而选择或放弃中介机构的跳单行为。这种跳单通常也是违约（违反合同）行为，但由于价差（中介费）收益大大超过违约赔偿损失，符合“最优违约”原则，故不能简单地将其认定为违反《合同法》的行为。

店选网购——Store-Browsing/Web-Purchasing（SBWP）

对应 showrooming 或 window-shopping。一般是指顾客在实体店商选择体验，而后以较低价格在网上购买的跳单行为。

“店选店购”和“网选网购”不存在“搭便车”的问题，不属于跳单行为。“店选网购”跳单中，店商被当作“试衣间”（showroom），网商搭了店商的“便车”。

院诊店购——Hospital-Diagnosing/Store-Purchasing（HDSP）

一般是指患者在医院接受诊疗而在药店购药，从而规避医院药房过高药价的跳单行为。在诊疗费用过低、医院“以药养医”的情况下，这种跳单行为会因“搭便车”损害医院利益，但同时又促进了医院药房与药店之间的竞争，降低了患者支出的药品费用。

租少售多——Rent-Small/Sale-Big（RSSB）

一般是指在采取分成租金的租赁式商场中，租户与顾客合谋，在商场达成交易意向后，绕开商场结算系统而私下以较低价格在商场外交易，从而规避租金成本的跳单行为。租金结构安排（固定租金、分成租金或混合租金）是影响此类跳单的关键因素。

弃联走宝——Jumping Over Union Pay

一般是指客户的持卡银行跳过银联的跨行交易清算系统，直接与同样具有互联互通和清算功能的第三方支付企业（如支付宝、微信支付）进行合作从而减少手续费的跳单行为。尽管与第三方支付企业合作，银行收取的单位手续费的费率可能较低，但第三方支付企业客户的巨大交易量也可使银行从中获得更多收益。

平行进口——Parallel Import

一般是指在国际贸易中减少某些中间环节,从其他国家进口商品的做法。以进口汽车为例,平行进口就是指客户在4S店试驾体验后从平行进口商处购车,从而减少购车费用的跳单行为。

海外代购——Hospital-Diagnosing/Oversea-Purchasing(HDOP)

一般是指通过代购者从境外购买境内不销售或者售价较高的商品。本书特指患者在医院接受诊疗而在海外代购药品,从而规避由于专利和关税等因素造成的过高药价的跳单行为。

第1章　跳单问题的B-T-C研究范式

本章是由国家自然科学基金项目“跳单问题的B-T-C范式与应用”的申请书删减而成的。比较“事先”的申请书的基本内容和项目获批后实际进行的“事后”研究，也许可以体现出从提炼科学选题、提出项目申请，到项目获准后具体从事科学研究、发现事物本质的某些一般性规律。需要说明的是，2012年研究项目正式立项之后，国家反垄断执法机构和法院调查与处理的重要的反垄断案件和相关的竞争政策执行中，有许多内容与跳单问题有关，我们也就顺势在研究工作中对跳单问题给予了较多的关注，并以适当的方式对相关机构提供政策和执法咨询服务。

一、跳单问题的提出

2011年12月20日，最高人民法院公布了首批具有“准强制执行力”的四个指导性案例（类似于不成文法系中的“判例”或“先例性判决”），这是对我国社会经济发展和法治建设都具有里程碑意义的事件。其中首个“判例”就是“中介选弃”的跳单问题案例。在不成文法系国家，判例本身就是法律；在成文法系国家，“判例”是与法律、法规、司法解释类似并接近的判决依据。但是，这类“判例”或指导性案例是基于什么经济学原理和法理，指导性到底如何，仍存在哪些问题，目前，对这些问题都还缺少深入的研究。

其实，社会经济的许多领域都广泛存在着跳单问题，但对其进行经济学和管理学，特别是法律经济学方面的深入研究却极为少见。跳单问题中的具体内容，有些是我国特有的，有些是在世界各国广泛存在但在我国特别典型的。

1. 房地产市场（包括房屋买卖和租赁）中经常出现的“中介选弃”，就是典型的跳单问题。实务中出现过以下情形，购房者跳过原签约中介而与新房屋中介成交购房，法院一审判决该行为违约，二审又推翻了一审判决。但作为中国首个指导性案例，“中介选弃”案例在效率和公平方面仍有不少可以改进的地方。这类跳单现象对中国居高不下的房地产价格有何影响？中介费的形成机制是怎样的，多少为宜？法院裁决时如何避免不当适用“当然违法”或“当然合法”，而恰当适用“合理推定原则”？这些都是亟待解决的重要问题。

2. 商品零售领域中大量存在的“店选网购”现象，也是典型的跳单问题。虽然“店选网购”暂时可能给购物者带来较大的价差收益，但也会极大地影响店商的积极性，从长期来看，这种方式难以为继。其中，店商售价与网商售价之间的价差多大为宜？价差产生的原因是什么？这些都是直接影响“跳单率”的关键问题。

京东商城、淘宝网、当当网、凡客诚品、聚美优品等网商（一般情况下，业界将其称为“电商”，本书为避免与“店商”混淆，均用“网商”一词代替）发展迅速，为消费者提供了更多的选择渠道，并在降低交易成本的同时也大大降低了商品价格，但同时也引发了线上（on-line）、线下（off-line）交易渠道冲突的问题。比如，由于店商售价往往比网商售价高30%~50%，许多年轻顾客便先到店商实际体验，试穿试用，在选定满意的品牌、尺码、颜色、型号后，再到网上购买。2012 年 1 月，美国的塔吉特公司、沃尔玛公司与亚马逊等电子商务企业爆发大战，以政治和经济界重要人物为主要读者的《华尔街日报》对此接连发表消息和评论。国外学界将此称为“试衣间”现象，即在与网商的竞争中，店商处于不利的地位，成为电子商务交易的“试衣间”。据估计，“十二五”期间，我国电子商务交易额年平均增长 30% 以上，到 2015 年，我国网络消费者的数量激增至3.29亿人,占城市人口的44%,成为世界最大的电子商务市场。① 与此相应,以“店选网购”为特征的跳单问题也更加严重。

3. 租户与大型商场之间“租少售多”的现象,也是典型的跳单问题。“租少售多”虽然可能使顾客和租户受益,但同时也会严重挫伤提供交易平台和商品信息的商场的积极性,商场为此增设的种种防范措施无疑又会增加各方的交易成本,从而降低了效率。经初步研究发现,家居商场租户为规避资金流的占用以及规避商场“统一收银”带来的“信息暴露”(商场会根据销售信息,以销售额为基准提取一定的销售佣金,即提成租金),多愿跳过商场与顾客直接交易。据调查,天津市家居商场的跳单率平均在30%~40%。跳单现象极大地影响了商场(特别是采取收取少量基准租金而以销售提成为主的商场)的收益,同时也对商场的品牌形象造成很多负面的影响。调查发现,在全国18种零售业态中,百货店、专业店、专卖店、家居商店等零售业态的跳单问题非常普遍,有的百货店甚至悬赏揭发跳单行为。

4. 在医疗领域,患者“院诊店购”的现象是患者对“医药捆绑”行为不满的一种应对策略,也是典型的跳单问题。医院限

① 相关数据有所更新,为保持原申报书内容的完整性,保留原数据。2016年,商务部等10部门联合发布《国内贸易流通“十三五”发展规划》,提出到2020年,电子商务交易额达到43.8万亿元,年平均增长15%左右。2016年,第一财经商业数据中心(CBNData)发布的首份《2016中国互联网消费生态大数据报告》显示,中国7.1亿网民将成为潜在的中国互联网消费者。

制患者外购药品有一定的合理性,但同时也有垄断之嫌。“院诊店购”在我国当前医疗领域颇为严重,亟须规范。

由于医院的药价一度较大地高于药店的药价,医院药品的价格高达药品出厂价 8～10 倍的现象屡见不鲜。因而,患者通常多愿到高水平医院就诊,选择名医挂号就医,再尽可能到药店或别处购买药品。为此,几乎所有医院都采取“惯例对策”防止患者“院诊店购”,比如,医生开具隐藏关键信息的处方(内部周转的处置意见除外),或用常人不易辨识的文字甚至同行也难识的“数字密码”(如采用本单位定期调换的内部编码)书写处方,有时医生只有见到在本院购买药品的凭证后才会告知患者治疗和服药方案。笔者等曾指出,我国药品价格过高的根本原因可以分解为“药医合谋”(药商与医院合谋)和“医药捆绑”(诊疗与药品捆绑)。现在看来,以“院诊店购”为特征的跳单与反跳单博弈的分析有望成为研究我国医疗制度改革的一个新切入点。①

在其他领域,如旅游业的“内部人交易”,交通购票中的“黄牛”现象,图书出版业大量存在的“截单”现象,均属跳单问题。这些行为显然会产生利益冲突,同时也会恶化旅游、交通和文化产业环境,并引发很多社会问题和商务、法律纠纷。

---

① 2016 年,国务院发布《“十三五”深化医药卫生体制改革规划》,取消药品加成制度。从药品价格上来看,医院与其他途径销售药品的零售价格差异有所缩减。这一方面印证了本书在“院诊店购”的跳单问题研究中的相关结论,另一方面也应看到,“看病难”“看病贵”的问题依然突出,如何从“院诊店购”跳单问题切入,探求中国医药体制深度改革的方向和措施,是本书的重点。后文同。

二、B-T-C 研究范式

跳单已经成为国内外社会经济领域中普遍存在且影响广泛的重要商务行为。但具体事件是否合理、是否违法，事件背后的事理与法理结论是否一致，鲜有学者对这种普遍现象从法律经济学角度进行系统剖析和研究，而已有的一些研究工作也尚显分散、零乱。我们试图梳理跳单问题中“原商”（B）、“中间商”（T）和“客户”（C）之间的三方主体关系（见图 1－1 和表 1－1），构建研究和解决跳单问题的“B-T-C 范式”（business－to－customer paradigm），并通过对“中介选弃”“院诊店购”“店选网购”“租少售多”四个领域典型案例的分析，揭示不同情境下有关各方的地位和潜在利益，同时也探寻实现静态均衡和动态均衡、实现社会福利效应最大化的条件和机理。跳单问题的研究可望取得的成果能够进一步丰富企业理论和产业组织理论中的纵向交易理论和纵向限制理论，提供针对此类问题的分析范式和研究框架，并对企业和个人决策和法律法规的制定提供建议。

有关跳单的问题提出、机理分析、数理建模和政策建议首先是基于图 1－1 的三方主体关系的界定和表 1－1 的三方主体定义。

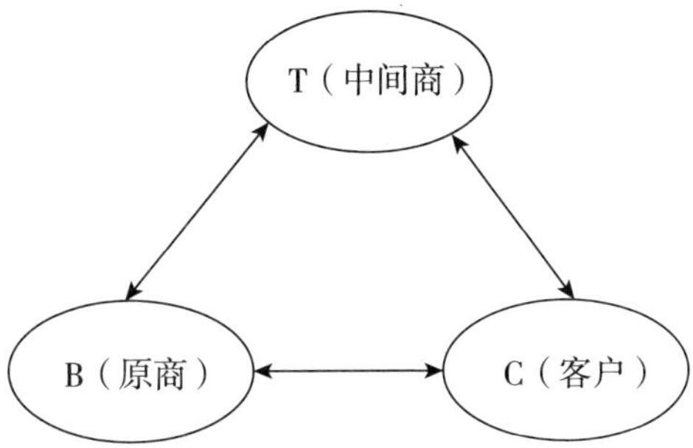

图 1－1　跳单问题的三方主体关系

表 1－1　跳单问题的三方主体定义

领域	B（原商）	T（中间商）	C（客户）	常见跳单合作关系
“中介选弃”	房主	房屋中介	购房者	购房者与房主（C-B）
“店选网购”	店商	网商	购物者	购物者与网商（C-T）
“租少售多”	租户	商场	顾　客	租户与顾客（B-C）
“院诊店购”	医院	药店	患　者	患者与药店（C-T）

对图 1－1 和表 1－1 的几点说明：

第一，“原商”B、“中间商”T 和“客户”C 都是一大类主体的总称。图 1－1 可用来研究更多领域的跳单问题。我们试图构建的“B-T-C 范式”类似于产业组织理论中的“S-C-P 范式”（structure-conduct-performance paradigm），但“B-T-C 范式”侧重研究企业理论或产业组织理论中的纵向交易关系，包括供应链、纵向限制、纵向联盟、纵向合谋或纵向排他等理论中与跳单行为有关的问题。

第二,表1-1所列的“常见跳单合作关系”仅是对初步常见现象的描述,理论上和现实中的“均衡关系”需要具体分析后确定。重要的是厘清逻辑思路和主体行为特征,找出关键临界点(值)和决策区域,明确不同目标条件下的判定标准和评价体系。

第三,对不同的跳单行为不能简单地判断对错利弊,有的(有时)应该限制,有的(有时)则应默许甚至鼓励。比如,三方关系若是只有一方强势(“单赢”),另外两方弱势,那么从反垄断或势力抗衡的角度看,就可能需要对“弱者联盟”(如我国医疗领域中“院诊店购”里的患者和药店)采取宽容甚至鼓励的态度。

第四,作为负责社会秩序和法律环境的政府和法院,怎样才能或应该如何干预和作为,也是本书研究的题中之义。

三、典型的跳单问题

关于跳单问题,国内外尚未见系统的学术研究成果,研究进展主要体现在若干领域的零散研究上。相近的研究主要有三个视角:一是根据“委托—代理”(principal-agent)理论对三方关系之间进行“两两关系”的研究,特别是“逆向选择”(adverse selection)和“道德风险”(moral hazard)问题;二是根据“合约理论”(contract theory)对签约方之间签约、违约的行为特征与策略选择的研究；三是按照“供应链理论”(supply chain theory)对纵向关系下不同渠道间的选择以及供应链均衡发展的研究。这些研究在某些方面虽然发展较早且较为成熟，但是对跳单问题均未进行系统研究，尚未形成较完整的理论分析框架。以下将分四个方面进行综述。

(一)“中介选弃”案中的跳单问题

2011 年 12 月 20 日，最高人民法院发布首个指导性案例——“上海中原物业顾问有限公司诉陶某居间合同跳单案”(以下简称“中介选弃”案)，该案例首次从法律角度对跳单纠纷进行了规定。

该案概况如下:2008 年 6 月，原商 B(李某)欲售房一套，并在多家房屋中介公司挂牌。客户 C(陶某)由多个房地产中介居间引介，多次查看该房源。2008 年 11 月 27 日，中间商 T_1(中原公司)与 C 签订了《房地产求购确认书》，该《房地产求购确认书》约定，C 在 6 个月内，如与第三方达成交易，应按照成交价 1% 向 T_1 支付违约金。其后不久，C 经由 T_2 居间引介，以更低价格从 B 处购买同一房源。T_1 由此向法院起诉 C 恶意“跳单”，请求法院判令 C 按约支付 T_1 原额违约金。一审法院判决被告 C 按成交价支付违约金。一审宣判后，C 提出上诉。二审法院判决:(1)撤销一审判决;(2)对 T_1 要求 C 支付违约金的诉求不予支持。二审判决的关键理由是:C 通过其他公众可以获知的正当途径获得同一房源信息，因而有权选择报价低、服务好的中介公司促成房屋买卖合同，并不构成跳单违约。本案中，B 通过 T_n（多家中介公司）挂牌出售同一房屋，C 通过不同的中介公司了解同一房源信息，并通过 T_2 以更低价格成交，不构成违约。

1.“中介选弃”案的重要意义

第一，最高人民法院公布的首批四个指导性案例，具有里程碑意义。这种指导性案例接近于不成文法系中的判例，是审理类似案件的重要司法依据。其中，“中介选弃”案又居四个指导性案例之首。在此案例中，二审法院判决撤销一审判决，最高人民法院再以指导性案例的形式予以公布，对二审法院的判决给予支持。这种“首中之首”体现出跳单问题在涉及经济纠纷的民事法律诉讼中的“重中之重”。

第二，引入了“合理推定”的法律原则。从法理上看，二审法院判决时，不是像一审判决那样，只是依据“当然违法”或“当然合法”的简单原则，就判定“跳单”是否是违约行为，而是恰当适用“合理推定”的法律原则，充分考虑到该跳单行为具有一定的合理性，兼顾了效率和公平，这是我国司法理念上的重大进步。

第三，从企业理论的角度看，“中介选弃”案属于典型的跳单问题。从“委托—代理”关系、合同理论、信息经济学和法律经济学等角度，都可找到切入点，进行深入研究。主要研究目标是构建一个综合而又简便的研究范式或分析框架，探究以“中介选弃”为典型案例的跳单问题的一般性规律，进而揭示现有判决的不足与可改进之处。

2.“中介选弃”案有待深入研究的问题

在本案例或相关的跳单问题中，从纵向关系上看，三方主体关系有上游和下游两重“委托—代理”关系：一是房主（B）委托中间商（$T_{1,2,\cdots,n}$）代理推介商屋；二是购房者（C）委托中间商（$T_{1,2,\cdots,n}$）代为推介房源。一般而言，在暂不考虑长期信誉问题的情况下，中间商 T 需要尽量低地付出搜寻房屋市场信息的成本，争取尽量高（或多）的中介费（或出现违约时的违约金）。其单项交易经济利润额（π）取决于中介费（R）与信息成本（S）之差，即 $\pi = R - S$。利润高低取决于相关商品市场的供求状况、中介同行间的竞争情况和自己的竞争优势。那么，该“中介选弃”案中有待深入研究的问题至少有：

第一，中间商 T_1 的成本补偿问题。如果信息成本（S）为零，即相关市场信息完全公开并容易获得，则二审判决就完全合理。如果信息成本（S）不为零甚至较高，则从长期来看，二审判决就可能破坏市场均衡。更具体地说，“科斯定理”对此类“跳单问题”的解释力如何，以及在本案例中，中间商 T_1 是否应该获得低于违约金的适当补偿，或者低于违约金的程度如何确定，也都是需要研究的问题。

第二，指导性案例指导范围的问题。该指导性案例是仅限于“中介选弃”这类跳单案，还是对“店选网购”“院诊店购”“租少售多”等其他领域的跳单问题也具有指导性，这显然值得更深入的探讨。因为根据最高人民法院《关于案例指导工作的规定》第7条的规定，最高人民法院发布的指导性案例，各级人民法院审判类似案例时应当参照。但是该条并没有对“类似案例”进行明确的解释，该指导性案例是否能成为与“中介选弃”案类似或相关跳单案件的司法依据，这些都是需要深入研究的问题。

（二）“店选网购”中的跳单问题

“店选网购”主要是指购物者（C）在店商（B）提供的商场查看、体验拟购商品，在选定具体规格后再以较低的价格通过网商（T）购买的现象。这是一种典型的跳单行为，showrooming就是特指这类现象而出现的新英语单词。最形象的例子是，准备购买图书者到书店选购时手持智能型手机，录下选定的书名、作者和出版社等相关信息，不出书店就可完成网上购买，回到家时所购图书就可能已送到，而且比直接从书店购书节约相当可观的金钱。在这个交易过程中，书店只是充当了“试衣间”的角色。这种跳单行为成为美国大量实体书店倒闭的重要原因。据著名的美国市场调查公司ClickIQ在2012年2月所公布的研究报告提供的数据，在调查的半年期购物方式中，采取跳单购物的比例高达46%。

“店选网购”是伴随近十几年新兴的电子商务交易而出现的一类典型的跳单现象。2012年1月，美国零售业市场规模最大的实体零售店塔吉特公司与网上零售商亚马逊公司之间激烈的商务争端引起了美国甚至全球政界和商界的广泛关注，类似的商务争端也成为关心跳单问题的学者密切关注的问题。

1.“店选网购”的重要规律性特点

第一,渠道价差过大是主要的跳单动因。店售价格与网购价格之差(即渠道价差)是影响跳单的主要因素,渠道价差一般在 20%~30%,而且多有渠道价差率越高,跳单行为越多的规律性。

第二,跳单涉及的多为标准化商品。适宜跳单的商品多为规格清楚、大批量供货的电子商品、图书、影像制品、音乐制品、食品和服装等“标准化”物品。这类物品占到网商销售额的绝大部分比例,但一般只占店商销售额的 20% 左右。

第三,网络科技变革是跳单的前提。网商充分利用云计算等先进的互联网技术,大大降低了劳动力、租金等方面的成本,同时也得到税收(关税、所得税)方面的优惠,创造了新的商业模式,这也符合现代经济的发展趋势。

第四,跳单涉及的法律供给严重不足。技术的发展催生了电子商务等新型交易方式和商业模式,但现行的合同、反垄断、知识产权保护及反不正当竞争等法律制度对“店选网购”等跳单行为明显缺乏解释力,传统的“当然违法”或“当然合法”的原则不能对跳单问题的合法性进行准确界定。

2.“店选网购”现象有待深入研究的问题

第一,店商涉嫌垄断的问题。店商为维护自己的既得利益和市场份额,采取的一些策略是否违背《反垄断法》? 比如,店商利用自己规模大、经营时间长的“买方优势”,试图与供货商签订某些“排他性协议”,对给网商的供货行为施加限制,这是否涉嫌垄断?

第二,“店选网购”的效率评价问题。网商利用成本优势,通过各种跳单途径与店商争夺生意,往往得到消费者的欢迎。如何从增进效率或促进竞争的角度对此进行评价,或者说,应该如何从社会福利分析的角度评价“店选网购”这类跳单行为的利弊得失,还有待深入研究。

第三,店商的商业策略选择问题。面对如此广泛的跳单行为,店商应如何选择合理且合法的应对策略?这些策略可能包括与网商形成互利性联盟策略、纵向一体化策略(店商开展网上业务以增强竞争优势)、业务差异化策略等。

第四,对店商的补偿问题。网商是否存在“搭便车”行为?是否应对店商进行补偿?若是,这种补偿是自行协商还是需要政府或法律的介入?又应如何看待网商创业初期的艰难?

(三)“租少售多”中的跳单问题

“租少售多”是指在租赁式交易中,租户(B)在向商场(T)交纳约定的租金 R 后,通过跳单向顾客(C)销售与租金金额不相称的更多商品的现象。“租少售多”现象的一般特征是租户主动与顾客合谋,商场处于被动地位。而商场由于不能收到足额的租金,通常也会采取增加防范措施和提高租金这两种途径来维护自己的利益。一般情况下,商场为租户提供商品展示和销售平台,同时向租户收取租金。广义的租金额 R 包括两部分:一是相对固定的基准租金额 R_1;二是按租户销售额(Q)提成的租金额 R_2,即 $R = R_1 + R_2$ 或 $R = b + r \times Q$(式中 $b = R_1$,r 为提成租金率)。多数商场的 R_1 与租赁面积、位置等因素有关,而 R_2 是根据租户总销售额按一定比例(r)提出,一般 r = 1% 左右。提成租金是将所有人与承租人利益联系起来的纽带,是风险在所有人与承租人之间转移的工具。在交易过程中,顾客也多愿与租户合作,私下以较低的价格成交,数额较小时甚至采取现金交易,以逃避商场采取的"统一收银"防范措施。据初步调查,在家居商品市场,跳单率高达30%~40%。顾客主动跳单和租户怂恿顾客联合跳单的情况都会存在,而且又以后者为甚。简言之,"租少售多"就是租户利用商场提供的平台,跳过商场直接与顾客私下交易的行为,是一种典型的跳单行为。对商场而言,跳单是资金流的"体外循环",漏失了相应的租金收入;对租户而言,支付相对较少的租金却从跳单中获得相对较多的交易额;对顾客而言,通常也可以获得部分价格实惠。很显然,这种现象只能在短期内存在;长期来看,这种跳单问题严重到一定程度必然会影响交易的持续进行,导致商品交易链的断裂。

1."租少售多"的重要规律性特点

第一,跳单主体博弈的结果是三败俱伤。面对这样高的跳单率,商场的对策性反应往往是双管齐下,一方面采取严厉的惩罚措施,另一方面同时提高提成租金率 r。在难以分辨"跳"或"不跳"的情况下,商场只好普遍地提高租金提成率 r。而面对商场“一刀切”的“店大欺客”的行为，有跳单举动的部分租户会“变本加厉”，本来少有跳单举动的部分租户也会频繁跳单。这样的后果是租户与商场因为跳单而展开对策博弈，从而增加了交易成本，降低了商品流通效率，进而只能提高商品价格，将负“外部性效应”转嫁给消费者，最终出现恶性循环、三败俱伤的结局。

第二，“租少售多”这类跳单问题由来已久且极为普遍。在现实交易中，很少有商场能够有效规避跳单行为，更少有学者研究过跳单背后的深层机理。因此，从理论和实证两方面深入剖析这类跳单行为的规律、根源，进行综合性的社会福利评价，进而搭建起科学的理论分析框架，这有助于 B、T、C 三方作出理性决策，同时也可丰富企业理论和产业组织理论。

2.“租少售多”需要深入研究的问题

第一，最优租金结构的问题。“租少售多”的跳单问题背后存在怎样的经济学逻辑，如何进行相关的实证检验？“统一收银”是造成跳单问题的病因，还是解决跳单问题的良方？基准租金与提成租金相互联系、相互制衡，必须在二者之间实现优化均衡。为有效解决跳单问题，如何确定广义租金额 R 或提成租金率 r，才能达到最优“租金结构”（即 R_1 与 R_2 之间，或 b 和 r 之间的权衡）呢？

第二，“三方共赢”的最优策略的问题。解开租户、商场和顾客三者之间这种三败俱伤困局的关键点是什么？为了避免商场与租户之间租金增加与跳单加重的恶性循环，怎样才能在既定条件下构建一种机制，使商场逐步降低基准租金和提成租金，同时租户减少跳单行为，消费者不必跳单也能得到合理价格？或者说，实现商场、租户、顾客三方均衡的最优机制是怎样的？

第三，规范跳单行为是靠市场调节还是政府干预？市场能否自发调节，实现各方都可接受的均衡关系？在政府政策和社会法律方面，对规范跳单应发挥怎样的作用，其规范的切入点又是什么？近年来，中国经济中商品在流通环节层层加价，中间流通成本甚至是发达国家的数倍，类似的跳单问题对此产生了多大的消极效应？

第四，租户选择机制的问题。商场对租户选择机制的确立能否影响租户跳单的程度？应制定哪些预选与评估指标来有效影响跳单的相关因素，并通过构建租户选择机制来避免跳单现象的发生？

（四）“院诊店购”中的跳单问题

“院诊店购”普遍存在于我国当前的医疗领域。面对医院的高药价，不仅自费的患者（如在校学生、儿童、未纳入“大病统筹”的人员等）会采取“院诊店购”的跳单行为，即使参加了社会医保但较少就医（低于报销门槛）的患者，也会选择在获得医生的诊断信息后，就近到药店以更便宜的价格购买药品。

“院诊店购”是一种典型的跳单行为。其主要特征是，为逃避医院的药品高价造成的利益损害，患者主动与药店“联盟”，尽量不在医院购买药品，医院则想方设法予以防范。“中介选弃”的特点是客户(C)跳过原来的中介(T_1),而与另外的中介(T_2)成交;“租少售多”的特点是租户(B)与顾客(C)联盟,跳过商场(T);“店选网购”的特点是顾客(C)与网商(T)联盟,跳过店商(B)。“院诊店购”则与“店选网购”类似,是患者(C)与药店(T)合作,跳过医院(B)。在我国,药品在医院和零售药店之间的平均差价率过高的现象长期存在。若用 P_1 表示医院药价,P_2 表示药店药价,则平均差价率 $\eta[\eta=(P_1-P_2)\div P_1]$一般在30%~50%,个别的甚至更高。“大药方”和“高价药”现象已经形成我国社会生活中的一大痼疾,也是医疗领域一种典型的“怪胎”,给患者造成了不应有的经济负担和心理压力,已经引起了政府与社会各界的高度关注。处于弱势的患者只能采取“院诊店购”的方式,千方百计到比医院价格便宜得多的药店买药。但“院诊店购”的跳单现象多数并不正常,而且弊端也很多,比如患者可能会在药店买到假冒伪劣药品,或患者利用医保体制漏洞获得非法利益等。

1.“院诊店购”的重要规律性特点

第一,医疗体制催生了“院诊店购”的跳单现象。医院本来提供两类商品(或服务),一是诊断医疗,二是提供药品。在一般的市场竞争情况下,医院可以通过实施“交叉补贴”,即实行诊疗高价和药品低价的策略,本无药品高价的必要。但是在诊疗高价受限的条件下,医院只能“以药养医”,从高药价中得利。此时患者选择跳单显然是有合理性的。在诊疗收费水平受到国家物价等相关部门约束,同时又存在较强“进入障碍”的前提下，医疗服务供给不足，医院“以药养医”和“收取红包”的现象就不可能杜绝。这时，“院诊店购”其实也是患者无奈的选择，但是“院诊店购”反过来又增加了医院遏制跳单的管理成本。虽然医院有严格的处方管理制度，但是患者仍然能够在药店买到价格较低的处方药。据调查，73% 的药品价格在公立医院和零售药房间存在显著差异，一般价差在 30%~50% 。

第二，医院级别越高，“院诊店购”的跳单现象越严重。按照我国医院分级管理标准，医院共分三级十等。不同等级的医院除了药品价格差异较大之外，在检查、诊疗等费用上也存在医院级别越高、费用越高的情况。高等级医院的医生水平高，医院设备好，很多患者为准确诊断病情甚至通过“黄牛”高价挂号，支付了较高的诊断费用和“交易成本”。为了减少药费负担，发生“院诊店购”的现象也属必然。

第三，药店是“院诊店购”中的“搭便车”者。药店不仅没有受到医院本可通过实施“交叉补贴”而带来的“低价竞争”的冲击，反倒能够借“院诊店购”获得医院药品高价之利。而且较大的药品差价不仅诱使消费者跳单，也会使一些药店铤而走险，违反从业规定，伪造相关手续向患者出售处方药。可以说，“院诊店购”也是造成消费者面临假药风险的重要因素。

2.“院诊店购”现象有待深入研究的问题

第一，“交叉补贴”解决跳单问题的可行性。“院诊店购”的跳单行为是中国医疗体制下特有的问题。现有的对医疗体制改革的研究多为“意愿性表态”或“情绪化抱怨”，缺少理性的经济学和管理学角度的分析。其中应该探讨的一个问题便是，社会是否应该容忍医院采取“交叉补贴”的方式运营；如果允许，在减少跳单现象的同时，是否会产生其他方面的问题；如果产生其他问题，又该如何避免。

第二，“以药养医”与“院诊店购”的因果关系的问题。在现行医疗制度下，“以药养医”在多大程度上是医院的无奈之举？“以药养医”与“院诊店购”的因果关系如何？医院、药店、患者之间是怎样的博弈关系？应如何建立科学的博弈模型来破解三者的关系？

第三，研究“院诊店购”的跳单现象对我国医疗体制改革的启示。分析和解决“院诊店购”，能否成为研究我国医疗体制改革的突破口？怎样从现有不合理的“诊疗低价 + 药品高价”模式转变为医院、患者和药店共赢的新型医药关系？

四、研究框架与基本概念

我们通过对典型跳单现象的归纳总结，分析跳单问题的特征和规律性，构建解释跳单问题的理论基础和分析框架，为解决不同领域的跳单问题提供解决方案和政策建议。研究内容分为基础研究、分类研究和综合研究三个部分，并细分为六个子项目，如表 1 – 2 所示。

表 1－2　研究结构与主要研究内容

<table>
<tr><th>类型</th><th>子项目</th><th colspan="2">主要研究内容</th></tr>
<tr><td>基础研究</td><td>1. 跳单问题的“B-T-C 范式”：理论模型与分析框架</td><td colspan="2">· 概念梳理：定义、特征、分类
· 机理分析：动因与均衡条件
· 范式构建：“B-T-C 范式”</td></tr>
<tr><td rowspan="4">分类研究</td><td>2. 基于“信息成本”的跳单问题研究</td><td>“中介选弃”</td><td>· 中介信息成本产生的原因
· 信息成本的决定因素与影响后果
· 中介费与信息成本的关系
· 对中国第一个指导性案例判决依据的质疑</td></tr>
<tr><td rowspan="2">3. 基于“渠道价差”的跳单问题研究</td><td>“店选网购”</td><td>· Showrooming 现象背后的商业模式的竞争关系
· 网商“搭便车”行为的特征与合理性分析
· 店商的应对策略的优化问题</td></tr>
<tr><td>“院诊店购”</td><td>· “交叉补贴”与“以药养医”
· “院诊店购”现象的合理性分析
· 医疗领域的纵向限制与过高药价
· 从“药医合谋”和“医药捆绑”到“院诊店购”</td></tr>
<tr><td>4. 基于“租金结构”的跳单问题研究</td><td>“租少售多”</td><td>· “基准租金”与“提成租金”结构的优化方案
· “统一收银”制度的效率分析
· 租户选择机制</td></tr>
<tr><td rowspan="2">综合研究</td><td>5. 跳单问题相关主体的策略性选择与建议</td><td colspan="2">· 单一主体策略性选择：目标、策略与后果
· 实现 B、T、C 三赢的可能性与条件
· 对相关主体的结论性建议</td></tr>
<tr><td>6. 对跳单问题的政府干预与法律规制的建议</td><td colspan="2">· 跳单行为效率评价与政策启示
· 跳单问题的法律经济学分析
· 对行政部门和立法、司法部门的结论性建议</td></tr>
</table>

(一)基础研究

子项目1:跳单问题的"B-T-C范式":理论模型与分析框架

在本部分研究中,主要通过对典型跳单问题的梳理、定义和分类,归纳跳单问题的基本特征和实践规律,分析跳单行为的动因与均衡条件,并借鉴产业组织理论中的"S-C-P范式",构建解释跳单问题的"B-T-C范式",即"原商—中间商—客户范式",目的是弥补单独零散研究的不足。

(二)分类研究

分类研究已经初步总结的四个典型跳单案例。分类的依据是基于研究跳单问题的三个核心概念(关键词),即"信息成本"、"渠道价差"和"租金结构"。经初步研究发现,各类跳单问题的背后都隐藏着至少一个关键因素在起着支撑作用。这些关键因素与这三个核心概念相对应。这三个概念既是"B-T-C范式"的理论基础,同时又是研究跳单问题的分析工具和研究方法。

1.子项目2:基于"信息成本"的跳单问题研究

在"中介选弃"跳单案中,如果中介的信息成本(S)为零,即相关市场信息完全公开并容易获得,则二审判决就完全合理。如果中介的信息成本(S)不为零甚至较高,那么,从长期来看,二审判决就会破坏市场均衡。这种"信息成本"就是信息经济学的开创者,同时也是诺贝尔奖获得者斯蒂格勒(Stigler)首次提出的概念。由于“信息成本”可视为“交易成本”的重要组成部分,因而,对于“中介选弃”案的判决依据的理论分析实质上就是“科斯定理”的具体运用分析。

本部分研究将对中介“信息成本”产生的原因进行分析,并建立数学模型,重点分析中介信息成本(S)不为零时将产生的后果,考察中介费收取的标准与中介“信息成本”的关系,并试图建立在“信息成本”不可忽略的条件下对中介商 T_1 的补偿模型。简单地说,最高人民法院的首个指导性案例还有不少问题有待研究。

2. 子项目 3:基于“渠道价差”的跳单问题研究

“渠道价差”的研究对应子项目 3 中的“店选网购”和“院诊店购”两类跳单问题。渠道价差也是跳单问题的核心概念,同时也是构成“B-T-C 范式”的重要基础。

“店选网购”主要研究传统店商和网商两种不同商业模式间的竞争关系。Showrooming 现象背后的商业模式竞争的焦点体现在“渠道价差”上。由于互联网技术特别是云计算的出现,网商很快就建立起新的商业模式,购物者也很快发现“店选网购”背后的较大价差。这种行为的大量出现给传统店商造成了巨大的冲击。本书拟研究店商和网商行为选择的合理性;分析网商“搭便车”行为的特征以及网商对店商补偿机制的可行性;研究店商的应对策略的优化问题,特别是店商的纵向限制行为、差异化经营和纵向一体化等相关问题。

“院诊店购”的跳单行为是我国医疗体制下特有的问题,也已经引起了政府及社会各界的高度重视。造成“院诊店购”的主要原因也是“渠道价差”过大。本部分将通过建立动态博弈模型，分三个层面分析医院与药店、医院与患者、药店与患者之间的博弈关系，探寻“以药养医”与“院诊店购”之间的因果关系；通过建立数理模型，研究医院“交叉补贴”行为的可行性，探索我国现行医疗体制下的新型医药关系。

这里将重点讨论的经济学或管理学问题可以概括为“两个谜”：第一个“谜”是中国有几千家制药企业，按理应该会充分竞争，其结果理应会形成合理的药品价格，但现实中患者面临的药价通常是药品出厂价的数倍，这是原本不应出现的怪事。第二个“谜”是在一般的市场经济条件下，医院特别是高等级医院，完全可以采取“诊疗高价 + 药品低价”的“交叉补贴”策略，既可挤垮与之竞争的药店，又能维持垄断地位，但医院为什么不这么做呢？

进一步的问题是，造成“院诊店购”跳单行为的直接原因是“渠道价差”过大，而背后的推手则是医院“以药养医”，那么这属于“市场失灵”，还是“政府规制失灵”？

3. 子项目 4：基于“租金结构”的跳单问题研究

与其他跳单问题不同，“租少售多”现象的症结较大程度体现在“租金结构”上。

该子项目将主要从“租金结构”入手，对“租少售多”的跳单现象背后存在的经济学逻辑进行分析，并进行实证检验；通过案例研究，分析商场采取“统一收银”制度对跳单问题的作用机制以及有效性;通过建立数理模型,研究"基准租金"与"提成租金"结构的优化方案,破解租户、商场和顾客三者之间恶性循环的迷局;应用信息甄选和信号传递模型,为解决跳单问题提出租户选择机制。

(三)综合研究

本部分的综合研究,是在基础研究和分类研究的基础之上,提出跳单问题的备选解决方案。综合研究一方面能为有关主体提供选择策略,另一方面又能为政府部门和相关法律部门提供执法和司法理论借鉴。

1. 子项目 5:跳单问题相关主体的策略性选择与建议

该子项目将对各种跳单问题中单一主体策略选择的目的以及可能产生的后果进行分析,研究不同跳单主体在不同情境下是否存在 B、T、C 三赢的可能性,探究实现 B、T、C 三赢的条件,并对相关决策主体提供结论性建议。

2. 子项目 6:对跳单问题的政府干预与法律规制的建议

该子项目将从法律经济学的视角对跳单问题进行分析,对与跳单相关的合同、反垄断、知识产权保护、反不正当竞争等法律制度进行效率性和公平性的法律评价,发现现行法律制度在信息成本补偿等方面的不足,并试图总结出对行政部门和立法、司法部门的结论性建议。

五、研究思路与研究方法

（一）研究思路

1. 借鉴产业组织理论中的“S-C-P 范式”，构建可研究一般跳单问题的“B-T-C 范式”，丰富企业理论和产业组织理论。

2. 从“信息成本”“渠道价差”“租金结构”三个视角研究跳单问题的产生动因、本质特征、内在机理和行为后果等规律性问题，提出综合性的解决方案。

3. 通过对跳单相关主体的行动目标、策略选择及后果的分析，研究实现 B、T、C 三方共赢的可能性与条件，并对相关主体提出结论性建议。

4. 通过对跳单问题的法律经济学分析，推进从“当然违法/当然合法”到“合理推定”的法学理念的变革，并为行政部门和立法、司法部门提出结论性建议。

（二）关键问题

1. “B-T-C 范式”的构建

研究跳单问题普遍存在的规律性，通过对跳单问题的概念梳理和机理分析，构建跳单问题的“B-T-C 范式”，为分析和解决各类跳单问题提供理论框架。

2. 跳单问题的解析

组合运用“信息成本”“渠道价差”“租金结构”的方法和路径，解决跳单的关键问题，阐释跳单问题的深层动因和内在机理，提出备选解决方案。

3. 跳单行为的效率评价

跳单行为是一个中性的概念。研究不同情境下的典型跳单行为的特征和规律，用福利经济学意义下的效率评价标准，如帕累托效率标准（pareto efficiency）、卡尔多—希克斯效率标准（kaldor-hicks efficiency），评价跳单行为的后果与影响，研究跳单行为的福利效应，为 B、T、C 三方的策略选择以及政府政策和法律制度的制定提供理论依据和思路建议。

（三）研究方法

1. 案例研究与数理模型方法相结合，从特殊到一般，构建“B T C 范式”。通过对“中介选弃”“店选网购”“院诊店购”等跳单案例进行研究，结合跳单行为中买方垄断、卖方垄断、纵向约束等理论，研究跳单问题的动因、结构、特征；对于“租少售多”的研究，以租金结构优化为突破口，主要是通过数理模型的研究方法，尝试在“租少售多”问题中建立“委托—代理”框架下的二层规划模型，确定最优租金结构。

2. 博弈论与信息经济学的方法。对于“渠道价差”及“信息成本”问题的研究，主要是通过博弈论和信息经济学的方法展开。如在“院诊店购”的跳单现象中，通过建立、演化博弈均衡模型，厘清主体间的博弈关系，提出解决“以药养医”问题的策略。

3. 法律经济学与“成本—效益”的分析方法。运用法律经济学的分析方法，引入“合理推定”的法律原则，突出“效率”价值的重要作用。运用“成本—效益”的分析方法，对“中介选弃”等跳单行为进行法律效果评价，分析其在信息成本补偿等方面的不足，为行政部门和立法、司法部门提出法律建议。

（四）技术路线

基于“问题导向”展开科学研究，从典型的跳单问题的案例入手，通过构建“B-T-C 范式”，对跳单问题中的“信息成本”“渠道价差”“租金结构”等核心问题进行分类解析，探寻一般现象背后的科学理论，为跳单问题提供综合解决方案。在研究过程中，将运用案例研究与数理模型相结合的方法、博弈论与信息经济学的方法以及法律经济学与“成本—效益”的方法进行针对性研究。技术路线如图 1－2 所示：

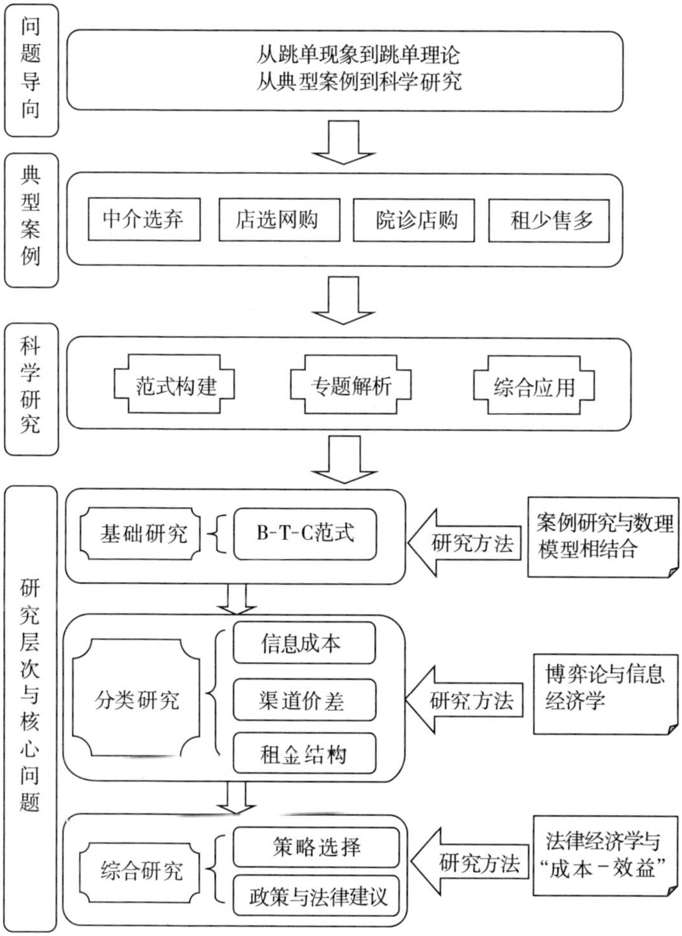

图 1－2　技术路线

(五)研究特色与研究目标

1. 本书基于问题导向,密切关注国内外的前沿问题(如我国首例“中介选弃”指导性案例、美国 showrooming 之谜),从现象剖析到理论研究再到实践指导。跳单问题是一个近十年愈演愈烈、影响广泛而又亟待解决的问题。

2. 拟构建的"B-T-C 范式",可用于研究纵向交易过程中多方主体间的互动(合作、冲突等)关系,能够弥补"S-C-P 范式"在纵向市场结构研究中的不足,进一步丰富产业组织理论。

3. 跳单问题,特别是在"中介选弃"问题中引入法律经济学的研究理念,以"信息成本"为核心,从"当然违法/当然合法"到"合理推定",拓展法学研究的思路,为司法实践提供新的、更科学的理论依据。

4. 通过对"信息成本""渠道差价""租金结构"等关键问题的研究,从个体到整体,从企业到社会,提供综合解决跳单问题的思路和建议。

本章参考文献

〔1〕最高人民法院《关于案例指导工作的规定》(法发〔2010〕51 号)。

〔2〕最高人民法院《关于发布第一批指导性案例的通知》(法〔2011〕354 号)。

〔3〕Ann Zimmer Man, "Showdown Over 'Showrooming'—Target Asks Vendors for Help Keeping Comparison Shoppers", *Wall Street Journal*, 2012. 1. 23.

〔4〕于立、于左、田坤:《中国药品价高之谜及其经济学解读》,载于立主编:《产业组织与政府规制》,东北财经大学出版社 2007 年版。

〔5〕于立、吴绪亮:《纵向限制的经济逻辑与反垄断政策》,载《中国工业

经济》2005 年第 8 期。

〔6〕G. Akerlof, "The Market for 'Lemons': Quality Uncertainty and the Market Mechanism", *Quarterly Journal of Economics* 84(3), 1970, pp. 488 – 500.

〔7〕B. Holmstrom, "Moral Hazard and Observability", *Bell Journal of Economics* 10, 1979, pp. 74 – 91.

〔8〕胡蓉:《最优违约救济:法和经济学的视角》,东北财经大学出版社 2008 年版。

〔9〕O. Hart, and J. Moore, "Property Rights and Nature of the Firm", *Journal of Political Economy* 98(6), 1990, pp. 1119 – 1158.

〔10〕王磊、梁樑、熊立:《"引商进店"与商场——零售商的竞争和合作策略》,载《运筹与管理》2005 年第 5 期。

〔11〕张宁:《房屋买卖居间合同中规避"跳单"条款的效力和"跳单"行为的认定》,载《法律适用》2010 年第 8 期。

〔12〕税兵:《居间合同中的双边道德风险——以"跳单"现象为例》,载《法学》2011 年第 11 期。

〔13〕R. H. Coase, "The Problem of Social Cost", *Journal of Law and Economics* 3, 1960, pp. 1 – 44.

第2章 “中介选弃”跳单与信息成本[①]

“跳单案”作为最高人民法院首批首个指导性案例,类似于英美法系中的“判例”或“先例性判决”,这是对英美法系借鉴的伟大尝试,也是我国法治建设中具有里程碑意义的事件。但是从法律经济学的视角审视此案例,可以发现法院一审判决、二审判决和最高人民法院指导意见背后的法理学和经济学依据尚不够充分。本章通过对

---

① 原文发表于《财经问题研究》2012年第9期(总第346期)。原题为《最高人民法院首个指导性案例的法律经济学分析——“跳单案”案例研究》,作者为于立、冯博,责任编辑为韩淑丽。

项目资助:国家自然科学基金“跳单问题的B-T-C范式与应用”(71272190)。

原文关键词:指导性案例、跳单问题、信息成本、合同理论、最优违约。

跳单行为是否违约、是否违法、是否合理等问题的法律经济学分析,根据合理推定原则、效率理念、激励相容原理对该案件的判据提出进一步的改进意见,以促进类似跳单问题法律纠纷的解决,并推动《合同法》的修改和完善。

一、案例概述——“中介选弃”跳单问题

2011 年 12 月 20 日,最高人民法院发布《关于发布第一批指导性案例的通知》,公布了首批四个指导性案例,并指出法官在审理与指导性案例相类似的案件时应参照这些指导性案例。此规定意味着指导性案例已经具有实质性的法律约束力,突破了法官不能“造法”的传统观念。我国首批四个指导性案例,类似于英美法系(或不成文法系)中的“判例”或“先例性判决”,在一定程度上具有“准强制执行力”。这是不同法系日趋融合、相互借鉴的伟大尝试,也是我国社会经济和法治建设中具有里程碑意义的事件。其中,作为“首中之首”的指导性案例,“上海中原物业顾问有限公司诉陶某居间合同跳单案”(即“跳单案”)格外引人注目。总体来看,该案例的判决结果和依据较成文法有突破、有新意,但也有不足,特别是从法律经济学的视角审视此案例,可以更清楚地阐释其背后的法理是非。

该案例案情如下:2008 年 6 月,产权人李某(简称 B)欲售房一套,并在多家房屋中介公司挂牌。购房者陶某(简称 C)在多个房地产中介(简称 T_n)居间引介下,多次查看该房源。

2008年11月27日,房屋中介中原公司(简称T_1)与C签订了《房地产求购确认书》(简称《确认书》),该《确认书》约定,在验看过该房后6个月内,C或其委托人、代理人、代表人、承办人等关联人,利用T_1提供的信息、机会等条件但未通过T_1而与B达成买卖交易的,C应按照成交价的1%向T_1支付违约金。当时T_1对该房屋报价165万元,中介费为成交价的1%,即1.65万元。2011年11月30日,C经由另一家中介公司(简称T_2)居间与卖方协商价格,最终以138万元的价格从B处购买同一房源。T_1由此向法院起诉C恶意跳单,请求法院判令C按约支付T_1原额违约金1.65万元。一审法院判决被告C按实际成交价1%支付违约金1.38万元。一审宣判后,C不服提出上诉。二审法院判决撤销一审原判,对T_1要求C支付违约金的诉求不予支持。案例简况如图2-1所示。

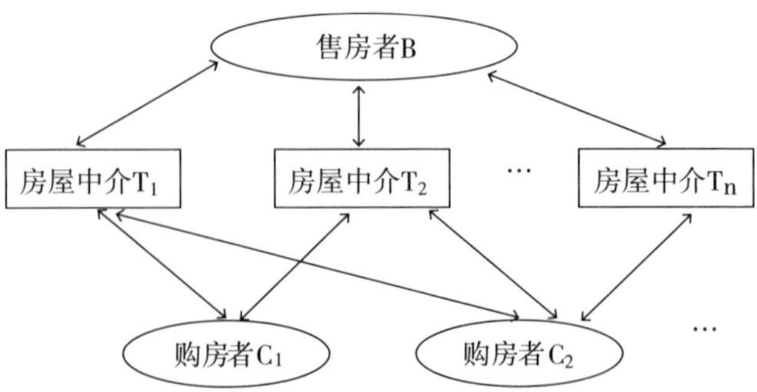

图2-1 "中介选弃"跳单示意

这一指导性案例不仅具有"首中之首"的法学上的里程碑意义,同时也提出了经济学意义上的跳单问题。跳单问题在个人与组织之间、组织与组织之间经常发生。本章研究的"中介选弃”就是典型的跳单案例,其他领域如商品零售领域大量存在的“店选网购”现象、租户与大型商场之间的“租少售多”现象、医疗领域患者“院诊店购”药品的现象、旅游业中的“内部人交易”的现象、交通购票中的“黄牛”现象、图书出版业中的“截单”现象,均属广义的跳单行为。对跳单问题的研究可以进一步丰富法律经济学以及企业理论、合同理论、产业组织理论和近十几年兴起的“双边市场理论”。

本章从法律经济学的视角分析这一典型案例,试图分析一系列重要问题:法院一审判决、二审判决和最高人民法院的指导意见是否有充分的法理学和经济学依据,“当然违法原则”与“合理推定原则”的适当性问题,《合同法》与效率标准的问题,法院判决是否符合激励相容原理等。

二、跳单是否违约? ——合同理论

C 的跳单行为是否构成违约是研究“跳单案”的首要问题。法院一审判决认为“构成违约”,二审判决认定“不构成违约”。这两个判决都显得过于简单,判据也自相矛盾,于法于理都有重新分析评价的必要。

最高人民法院《关于发布第一批指导性案例的通知》(法〔2011〕354 号)中指出:上海中原物业顾问有限公司(T_1)诉陶某(C)居间合同纠纷案,旨在解决二手房买卖活动中买方与中介公司因跳单引发的纠纷。该案例确认：居间合同约定，禁止买方利用中介公司提供的房源信息却撇开该中介公司而与卖方签订房屋买卖合同，即买方不得跳单违约；但是同一房源信息经多个中介公司（T_n）发布，买方通过上述正当途径获取该房源信息的，有权在多个中介公司中选择报价低、服务好的中介公司（T_2）促成交易，此行为不属于跳单违约。这样既可保护中介公司的合法权益，促进中介服务市场健康发展，维护市场交易诚信，又能促进房屋买卖中介公司之间公平竞争，提高服务质量，保护消费者的合法权益。

该案例裁判要点中的关键问题是：一方面，依据《合同法》第23章“居间合同”的规定，按居间合同的要求，C不得跳单违约；另一方面，由于情有可原，跳单又不属违约，法院判决自相矛盾。分析可见，重点不在于跳单行为是否违约，而在于这种违约是否既合乎情理，又合乎法理。从购房者角度看，C按165万元的高价签订《确认书》，而面对138万元的低价，选择跳单显然是理性的行为。一般情况下，应该允许这种跳单违约行为，但当事人一般应该承担违约责任，支付违约金。同时鉴于买方可以通过正当途径获得房源信息，或者说房屋中介的信息成本可以忽略不计甚至为零，违约方则不必承担违约责任。所以，我们认为，需要强调的要点是，既不能由于跳单行为的合理性而否定其违约性，也不应忽视房源信息的低成本甚至无成本而要求跳单者支付违约金。

对于此案，实际上可有五种似乎都有一定道理的可选判决方案,如图 2 - 2 和表 2 - 1 所示。第一种方案对应二审判决的实际结果:不构成违约,当然也无须交纳违约金。此方案虽比一审判决(即第四种方案)有本质性的优越,但遵循的仍是“当然违法/合法”的简单执法原则,有名不正、言不顺之嫌,所以至多为可接受判决方案,只能排在优选方案的第三名。

第一种方案:不构成违约,也无须交纳违约金。这个方案对应二审判决,也得到了最高人民法院的认可,但仍有不足,仅排在优选方案的第三名。

第二种方案:构成违约,但无须交纳违约金。虽然也符合二审判决,但在性质认定上有所不同,排在优选方案的第二名。

第三种方案:构成违约,交少量违约金或手续费。这是最符合法律经济学的可选判决方案,排在优选方案的第一名。

第四种方案:构成违约,交纳成交价违约金。这种方案恰好对应一审判决结果,为较差判决,排在优选方案的第四名。

第五种方案:构成违约,交纳约定价违约金。这种方案是原告——中介公司 T_1 所求,这是多种方案中最无效率也缺少公平的方案,排在优选方案的第五名。

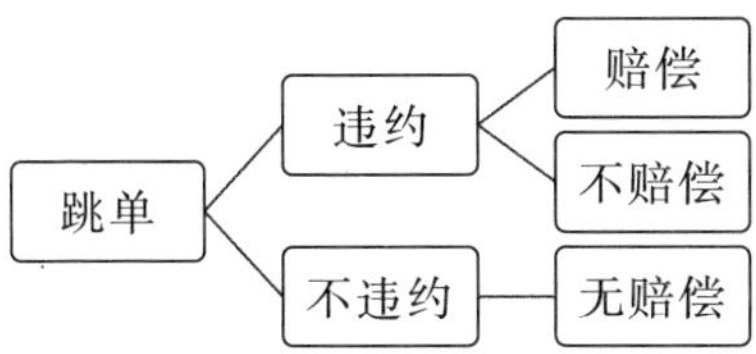

图 2 - 2　“跳单”是否违约

表 2－1　不同判决方案的比较

可选方案	判决组合	现实情况	基本评价
一	不违约＋无违约金 $D=0$	二审判决实际结果	符合“当然违法/合法原则”，可以接受，排列第三
二	违约＋无违约金 $D=0$	符合二审判决实际情况，但性质不同	为次优判决，排列第二
三	违约＋少量违约金 $D\leqslant D_1-D_2$	未经尝试，但合乎情理和法理	符合“合理推定原则”，为最优判决，排列第一
四	违约＋成交价违约金 $D=D_2$	一审判决实际结果	简单执法，为较差判决，排列第四
五	违约＋约定价违约金 $D=D_1$	原告中介 T_1 所求	最不合理，为最差判决，排列第五

说明：D 代表判决违约金，D_1 代表按中介 T_1 的约定违约金，D_2 代表按中介 T_2 的约定违约金。

可见，虽然法院的二审结果基本上是合理的，但判据上仍显得自相矛盾。根据《合同法》认定 C 违约的事实，仅由于“其房屋中介信息成本可以忽略不计甚至为零”就认定 C 不违约，于法于理实属牵强。如果认定中介信息成本为零，那就否定了中介存在的必要，更谈不上“促进中介服务市场健康发展”了。更好的执法理念是借鉴国际上普遍采用的执法原则，不是简单的“当然违法原则”，而是“合理推定原则”，即既认可“跳单”行为是违约的，同时又判定不必承担违约责任，简单地说，就是

“违约不违法”。这样才能既合乎情理,又合乎法理;否则只合乎情理,不合乎法理。所以,二审判决并不是最优方案。

从图 2 -2 中可以看出,跳单行为如果不构成违约,事情就极为简单,也无须赔偿。问题在于如果构成违约,是否应赔偿?应如何赔偿?

三、违约是否合乎理性?——违约理论

就此“跳单案”来说,违约是否合理可有多种标准:道德标准、法律标准和经济标准。第一,依据道德标准很难准确判定违约行为是否合理。比如,C 与 T_1 在自愿的前提下签订了《确认书》,也就表明 C 已经知悉并愿意承担不得跳单的义务。按照传统合同法的诚实信用原则,C 应该认真履行《确认书》,因为任何违约行为似乎都是“不道德”的,是应该受到谴责的。但这种简单的道德标准并不符合市场经济的基本原则,不符合效率原则自不待言,也并不见得符合公平原则。可是在我国目前的房地产市场中,难道还要求购房者为了某种并不确立的“道德”理念,而自愿承受 27 万元的损失吗?第二,根据法律标准,无论是根据《民法通则》还是《合同法》,该跳单行为无疑属于违约,但不能说明是否合理。第三,根据经济标准,不论是否违约,跳单行为完全合乎理性。本章重点探讨经济标准和法律标准的一致性,即法律经济学意义上的统一。

为便于一般化，首先设定：

P_1——中介 T_1的约定房价，本例中为165万元；

P_2——中介 T_2的成交价，本例中为138万元；

D_1——中介 T_1的约定违约金，本例中为约定房价的1%，即1.65万元；

D_2——中介 T_2的约定违约金，本例中未涉及，应为1.38万元；

Bt_1——中介 T_1对卖方的中介费，本例中等同约定违约金，也为1.65万元；

Bt_2——中介 T_2对卖方的中介费，本例中为成交房价的1%，即1.38万元；

Ct_1——中介 T_1对买方的中介费，本例中等同约定违约金，也为1.65万元；

Ct_2——中介 T_2对买方的中介费，本例中为成交房价的1%，即1.38万元。

那么在本例中，在经济理性的假设前提下，购房者C选择跳单违约的临界条件分别是：

第一种情况，当不考虑承担违约责任时：$P_2 < P_1$或 $P_2 + Ct_2 < P_1 + Ct_1$；

第二种情况，当考虑承担违约责任时：$P_2 + D_1 < P_1$或 $P_2 + Ct_2 + D_1 < P_1 + Ct_1$。

实际上，本例中按第一种情况，$P_2 = 138 < P_1 = 165$，相差27

万元，或 $P_2 + Ct_2 = 139.38 < P_1 + Ct_1 = 166.65$，相差 27.27 万元；按第二种情况，$P_2 + D_1 = 139.65 < P_1 = 165$，相差 25.35 万元，或 $P_2 + Ct_2 + D_1 = 141.03 < P_1 + Ct_1 = 166.65$，相差 25.62 万元。从经济学角度来看，相差的 27（27.27）万元或 25.35（25.62）万元属于购房者通过跳单可以获得的“消费者剩余”，或属于继续履约的“机会成本”。可见无论如何，不管法院如何判决（即不论选择表 2－1 中的第一种方案还是第四种方案），购房者的理性选择都是跳单违约，图 2－3 也说明了同样的道理。

简言之，在本案的具体情况下，不考虑道德标准，那么无论是经济标准，还是法律标准，跳单违约都是理性行为。从法律经济学的角度看，违约既合乎情理，又合乎法理。这一结论十分重要，它实际上是“科斯定理”的变形，简称“跳单定理 1”：“在价差较大的情况下，无论法院如何判决，最终结果都是跳单违约，差异只在于是否支付违约金或其数额的多少”。这也符合法律经济学体系中的“最优违约理论”，该理论专门讨论违约的条件与效率评价问题。

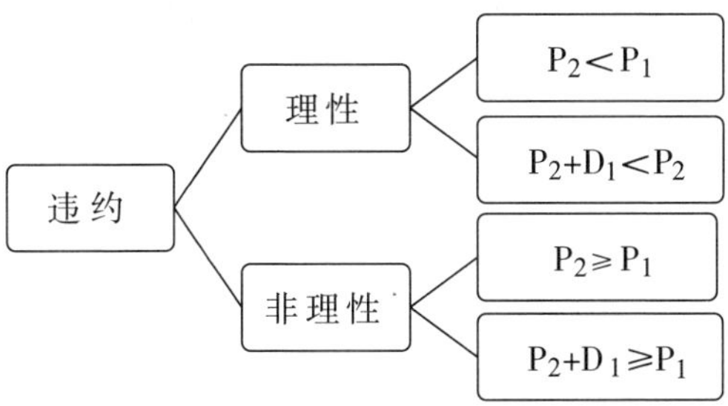

图 2－3 违约是否合乎理性

法院的一审和二审判决在逻辑上自相矛盾，是简单思维导致的:跳单就是违约,而违约就是违法,违法就要强制执行或者损害赔偿。为什么会出现这种情况呢?根本原因是法学意义上的合同与经济学意义上的合同是不同的。在这种情形下,法律经济学就有了“用武之地”,它可以得出法学与经济学之间一致性的结果。法律制度的设计需要符合“激励相容”的根本要求,法律经济学可以帮助人们找到既合乎法理又合乎情理的一致性结果。我国改革开放以来的经验告诉我们,政策和法律如果做不到“激励相容”,就会形成表里不一的社会风气。制度设计上的“激励相容”表现在思想方法上就是“实事求是”。

四、违约是否违法?——要件统一

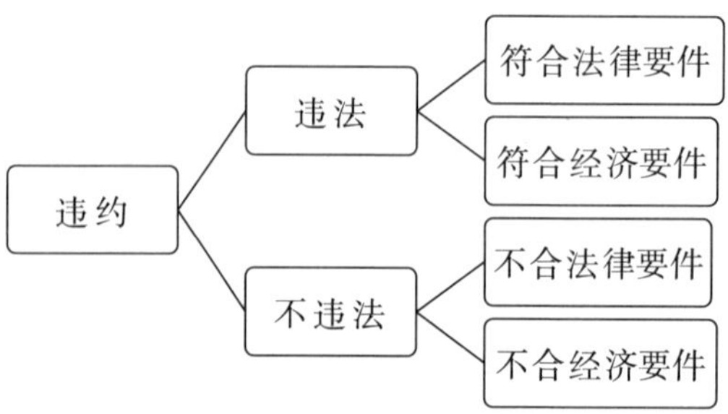

图 2 –4　违约是否违法

从图 2 –4 中可以看出,即使违约,但若不是同时违背法律要件和经济要件,就不构成违法。这是对“跳单 = 违约 = 违法”的简单思维的纠正。但新的问题是,符合法律要件但不符合经济要件时,法院应如何判决。

传统的合同法理论认为，凡是在双方意思表示真实的情况下签订的契约就都具有完备性，根据《民法通则》第 55 条关于民事法律行为生效要件的规定和《合同法》第 7 条、第 9 条的规定，合同生效的要件包括当事人具有相应订立合同的行为能力、当事人意思表示真实和合同不违反法律法规或社会公共利益。“跳单案”中的《确认书》是否具有法律上的完备性呢？第一，签订《确认书》的双方都有完全行为能力。第二，双方意思表示真实，不存在欺诈、胁迫等现象。[①] 第三，《确认书》与现行法律法规和公共利益不违背。因此，该《确认书》符合合同有效的要件，因此在法学视角下，该合同是完备的，因而当缔约一方对契约条款有争议的时候，法院就可以要求缔约另一方强制履行。

但是在经济学特别是法律经济学的视角下，该合同是不完备契约。不完备契约是指由于个人的有限理性、外在环境的复杂性和不确定性、信息的不对称性和不完全性而缔结的合同。《确认书》是在 C 不掌握房价信息的情况下签订的，因此该《确认书》在经济要件上是不完备的，不完备契约无法达成最优交易，不能实现合同效率。

在法学和经济学的不同视角下对合同完备性的认定有分

---

① 这一要件是可能引起争议的。《合同法》第 425 条规定，居间人应当就有关订立合同的事项向委托人如实报告。居间人故意隐瞒与订立合同有关的重要事实或者提供虚假情况，损害委托人利益的，不得要求支付报酬并应当承担损害赔偿责任。在较短的时间内，房价居然相差 27 万元，价差率高达 20%，居间人有未能提供真实信息之嫌。但在本书的“跳单案”中，双方并未就此发生争议。

歧，主要原因是认定完备性的标准是不同的。本案中，《确认书》这样的合同在法律上是完备的，但在经济学上却是不完备的。根据法学和经济学中对于合同不完备标准的差异，可以把不完备合同分为法律不完备合同和经济不完备合同。前者是指不具有法律生效要件的合同；后者是指虽然具备法律生效要件，但是由于个人的有限理性和信息不完全等在签约时无法预料的因素而签订的缺乏效率的合同。传统的《合同法》对法律不完备合同的认定标准、法律责任和救济方式有详尽的规定，但是对经济不完备合同规定得极少，我国的《合同法》中也只对不可抗力和情势变更等经济不完备的情况进行规定。不可抗力和情势变更都是发生在缔约之后，且在缔约前是无法预见、无法避免和无法补救的，它们的发生使履约基础发生了根本的改变。如果强制履行会破坏交易的经济性，那就应该确认遇到不可抗力和情势变更时不履行合同的法律效力。

但我国现行的法律文件并没有也难以对有限理性和信息不对称、信息不完全等因素造成的经济不完备合同作出规定，主要原因在于造成经济不完备的因素比较复杂，既包括不可抗力等客观因素，也包括有限理性和信息不对称、信息不完全等因素，无法在签订合同时完全用法律语言准确阐述其内涵和外延，而且经济不完备合同的举证难度较大。由于针对经济不完备合同的法律规定还是空白，因而也造成了一定的司法混乱。比如，“跳单案”中，一审法院就以法律不完备的标准来认定经济不完备合同；而二审法院作出的 C 不构成违约的判决，显示出对《确认书》经济不完备性的法律确认，突破了传统《合同法》单纯地以法律标准判定完备性的做法，这一点具有重要的指导意义。但二审判决仍有不足，即不能以经济标准完全替代法律标准，不能用合理性完全替代合法性。也就是说，不能因《确认书》存在信息不对称就否认其在法律上的完备性，进而认定违反《确认书》的行为不违约。在法律经济学的视角下，应兼顾法律标准和经济标准，可以认定该跳单行为属于违约，但并不违法，不用承担违约责任。当然，按我们在表 2 – 1 中的归纳，这种判决仍属次优判决，排在优选方案的第二名。如果运用“合理推定原则”，更好的选择是法院确认属于违约，但不必明确是否违法，然后由双方商定或由法院判决，由 C 交纳适量的违约金，数额为 $D \leq D_1 - D_2 = 0.27$ 万元。

五、中介市场效率——信息成本

以下重点分析中介市场的效率问题，分析的着眼点是信息成本。

最高人民法院公布的“跳单案”的二审裁判理由是：中原公司（T_1）与陶某（C）签订的《确认书》属于居间合同的性质，其中第 2.4 条的约定，属于房屋买卖居间合同中常有的禁止跳单的格式条款，本意是为防止买方利用中介公司提供的房源信息却跳过中介公司购买房屋，从而使中介公司无法得到应得的佣金，该约定并不存在免除一方责任或加重对方责任、排除对方主要权利的情形，应认定有效。根据该条约定，衡量买方是否跳单违约的关键，是看买方是否利用了该中介公司提供的房源信息、机会等条件。如果买方并未利用该中介公司提供的信息、机会等条件，而是通过其他公众可以获知的正当途径获得同一房源信息，则买方有权选择报价低、服务好的中介公司促成房屋买卖合同成立，而不构成跳单违约。本案中，原产权人（B）通过多家中介公司挂牌出售同一房屋，陶某（C）及其家人分别通过不同的中介公司了解到同一房源信息，并通过其他中介公司（T_2）促成了房屋买卖合同成立。因此，陶某（C）并没有利用中原公司（T_1）的信息、机会，故不构成违约，二审法院对中原公司（T_1）的诉讼请求不予支持。

对此裁判理由，有三点需要特别注意。第一，二审法院认定，买方并未利用中介公司 T_1 提供的信息、机会等条件，这一方面过于牵强，另一方面也没有否认中介 T_1 提供的信息和机会是有成本的，或者说"信息成本"不为零。第二，二审法院认定，买方通过其他公众可以获知的正当途径获得同一房源信息（公共信息），意味着房源信息是无成本的，或者说"信息成本"为零。第三，法院的裁判理由忽略了一点，即使买方利用了 T_1 提供的信息和机会，也是有权选择报价低、服务好的中介公司（T_2）促成房屋买卖合同，不过应该给予 T_1 少量补偿。如前所述，虽然二审法院的判决比一审法院的判决有所进步，但在法理上和经济学原理上仍然自相矛盾。

这里的关键问题是房源信息成本是否为零。在其他条件不变的情况下，如果信息成本不为零甚至较大，则一审法院的判决更为合理;反之,如果信息成本为零或很小,则二审法院的判决更为合理。斯蒂格勒曾根据科斯提出的交易成本的概念提出了信息成本的概念,并由此创立了信息经济学。根据双边市场(two-sided market)理论,买房者和卖房者构成双边市场的两边,中介公司是中间平台。中间平台存在的原因就是买卖双方信息不对称,房屋买卖双方直接交易成本太高。中介的主要功能就是减少交易成本,而这种交易成本主要就是信息成本。反过来说,如果房屋交易的信息成本为零或很低,中介公司则无存在的必要。因此可有“跳单定理 2”:“其他条件不变时,只有中介信息成本为零,法院(二审)判决才为正确,否则将存疑问。”①

对中介公司 T_1 来说,还有几点需要说明。第一,T_1 事实上协助买方 C 查看了房源,提供了一定的服务,这种服务应该也是有成本的。第二,T_1 提供房价信息与卖方的可接受价格相差较大,买方 C 本来可以反诉 T_1 没有“就有关订立合同的事项向委托人如实报告”,涉嫌“故意隐瞒与订立合同有关的重要事实或者提供虚假情况”,甚至要求中介公司 T_1“不得要求支付报酬并应当承担损害赔偿责任”(《合同法》第 425 条)。从法律经济学角度看,T_1 作为原告,本来可有多种选择向 C 提出要求,如:(1)交纳“足额违约金”D_1 = 1.65 万元;(2)交纳按成交价计算的较低违约金 D_2 = 1.38 万元;(3)交纳低于 1.38 万元的

① 这里需要注意的一点是,这种中介信息成本应是“社会必要成本”,不是指个体成本,其含义与政治经济学基础理论中“社会必要劳动”的概念是一致的。

“少量违约金”，比如 $D_3 = 1.65 - 1.38 = 0.27$ 万元；(4)协商解决，交纳双方都能接受的“少量违约金”$0 < D < 1.65$ 万元。交纳约定价足额违约金只是多种选择之一，而且是最不现实的选择，即使按一审判决，也只是要求 C 按较低的成交价违约金 $D_2 = 1.38$ 万元给予赔偿。

现实房屋中介市场中，我国目前的一般惯例是，中介公司从卖方和买方各收取房价的 1%，合计收取房价的 2% 的中介费。[①] 中介费的高低主要靠市场决定，但仅从约定价与成交价的过高价差这一点看，就可判定相关的中介市场信息成本过高，效率较低。本案中，高低价差率高达 20% [即 $(165 - 138) \div 138 \times 100\% \approx 20\%$]，表明该中介市场的信息是高度不对称的，中介市场是严重缺乏效率的。中介机构的作用在于减少交易成本或信息成本，高达 20% 的价差率从反面印证信息成本实在过高，中介市场仍处于“暴利”阶段，这也是中介频繁被跳单的重要原因。[②] 现在更多的消费者甚至选择利用“58 同城”“赶集网”等网站提供的免费房源信息来租购房屋，从而降低交易成本。如果中介行业不及时改变营销策略，势必会造成中介行业的萎缩，甚至是消失。从这一点来看，二审法院判决跳单不构成违约，更无须支付违约金，虽然构不成最优判决，但也是基

① 美国房屋买卖中介费为 6%~7%，一般由双方均摊，或根据市场供求情况由双方商定。相比之下，美国的房屋中介的收费虽较高，但服务质量一般也好于我国。

② 从这个意义上说，跳单对增进中介市场的效率是有作用的。多数情况下，不应因为跳单是违约的就简单地判定其也是违法的，更不应强制履约。

本符合法律经济学原理的,有助于降低价差率。因而又有“跳单定理 3”:“在价差较大的条件下,只要信息成本大于零,法院如何判决则至关重要。”这其实也是“跳单定理 1”的反定理。

可以认为,中介机构的竞争越充分,不同中介间的价差率会越小,甚至趋近于零。反过来,当价差率较小时,对中介市场来说,需要重点关注的则变为如何借助《反垄断法》来防止中介机构之间的合谋行为。

六、强制还是自愿?——法律救济

现实中,不仅是普通的社会成员,就是较多的法律界人员,也都形成了法律就是“是非绝对”的简单思维。[①] 法律更应成为以效率最大化为目标的定分止争的工具。由于社会交往的复杂性、风险性与不确定性,人的有限理性,交易成本和信息成本的存在,信息的不完全性与非对称性,语言使用的模糊性等因素,经济上完备的契约几乎是不存在的,因为一个契约不可能预见到与契约相关的所有情况而在事先就制定好各自的权利义务。对于法律不完备合同的履行一般要借助第三方执行,但对于经济不完备合同的履行,通过法院强制履行往往不能获

① 有两类司法途径:一是颁布禁令,完全禁止;二是鼓励产权交易,各方寻找均可接受的方案。法学家多强调前者,经济学家多提倡后者,法律经济学家则多将二者结合。

得最有效率的结果。因此,经济不完备合同应该更强调契约的自我履行而不是通过法院强制履行。合同的自我履行是指把个人惩罚条款而不是法院强制履行的条款配置给可能违约的交易方。合约条款和法律制度的设计要尽量使交易者自觉自愿地去履行,力争做到激励相容,尽量减少事后的强制性救济。

前文我们已经说明,在本案的既定的条件下,无论法院如何判决,跳单违约都是最终结果,而且也是较有效率的选择。在此前提下,T_1向法院起诉C恶意跳单,法院可能作出五种判决选择(见表2-1)。比较这五种判决方案,可以发现,除第三种方案外,都属于强制履行或强制救济。第一种方案认定不构成违约过于勉强;第二种方案认定违约,但无违约金也不尽合理;第四种方案虽优于第五种方案,但也不合理,已被二审推翻;第五种方案最不合理,一审和二审均不支持。相比起来,最可选的是第三种方案,即认定违约,只需交纳少量违约金 $D \leqslant D_1 - D_2 = 0.27$ 万元或相应的金额。这虽只是较小的数值区间,却充满了法律经济学的智慧。正常情况下,争议双方如果确切得知法院的判决区间,多会自动协商解决,而不必劳心又伤财地通过诉讼解决问题。这一点对法治建设意义重大。

这一结论也说明"跳单定理3"的重要意义。因为这样一来,既能更好地维护消费者的权益,又可促使中介公司更好地提供优良的服务,还可避免法律资源的浪费。

七、判据如何改进？——效率原则

“跳单案”作为我国首批首个指导性案例，它的判决结果对于维护房产中介市场以及一般中介市场的有效运行，促进公平竞争，保护购房者和产权人的合法权益，都有重要意义。但是，此案例的判据和相应的判决结果仍有可改进之处。

首先，二审法院的判决更符合效率标准，但仍有不足。传统的法理学观念认为，法律就是模仿正义，法律不能背离正义，正义应该是司法判决的最高价值诉求。但是在法律经济学的视野中，合同关系蕴含着完整的经济学逻辑，合同法的经济功能就是执行增进效率的协议，法院应努力发现能使当事人总收益或社会福利最大化的效率性条款。本案例中，购房者跳单违约是有效率的选择，应该得到法律的维护。当然，如果效率与公平产生冲突，这时法院判决也应选择最有效率且又能实现公平的方案。就“跳单案”而言，C 和 T_1 签订《确认书》后，如果按照传统合同法的诚实信用原则，C 应该认真履行《确认书》。但是显然，这样做既无效率，也不公平。在这种情况下，法院应该运用“合理推定原则”，追求效率目标。

其次，二审法院的判决符合以信息成本为基础的科斯定理，而反定理更为重要。科斯定理是法律经济学的一个重要定理，其一般表述是，只要交易成本为零，基本权利的归属或者法院的判决并不重要，当事者总能达到有效率的结果。本章对“跳单案”的分析表明，科斯定理的变形或“跳单定理1”总能成立，即只要信息成本足够小，或中介价差足够大，那么无论法院如何判决，都会导致有效率的跳单违约结果。法院如果只是僵化地阻止违约，则违背了法律经济学的效率原则。另外，“跳单定理3”表明，当其他条件不变时，只要信息成本足够大，法院如何判决则至关重要，有的判决很可能不符合效率原则。对于法院来说，这种反定理就更有重要意义。

最后，二审法院判决虽然重要，但也有局限性。“跳单定理2”表明，其他条件不变时，只有中介信息成本为零，法院二审判决才为正确，否则将存疑。也就是说，应该先确认跳单行为是一种违约行为，不能因跳单行为在经济上的合理性而否定其违约性。法院二审判决该跳单行为不构成违约，很难自圆其说。另外，法院也不能因为违约的合理性，而否定所有中介成本，从而取消一切赔偿。理想的情况是法律划定大致的赔偿原则或上下限（如 $D \leqslant D_1 - D_2$），然后鼓励各方当事人协商解决。这样做，既可节约法律资源，又可避免过多的强制执法。法院应该尽量减少使用“当然违法原则”，比如简单化的“违约即违法”，而应更多地使用“合理推定原则”，比如“违约不违法”、“有条件违约”或“违约+赔偿”等。

本章参考文献

〔1〕最高人民法院《关于发布第一批指导性案例的通知》（法〔2011〕

354 号)。

〔2〕于立:《现行经济学学科设置问题与法律经济学的兴起》,载《改革》2011 年第 4 期。

〔3〕最高人民法院指导案例 1 号上海中原物业顾问有限公司诉陶德华居间合同纠纷案(最高人民法院审判委员会讨论通过,2011 年 12 月 20 日发布)。

〔4〕M. Rysman,“The Economics of Two-sided Market”,*Journal of Economic Perspective* 23(3), 2009,pp. 125 – 143.

〔5〕《中华人民共和国合同法》第 23 章居间合同的内容。

〔6〕R. H. Coase,“The Problem of Social Cost”,*Journal of Law and Economics* 3, 1960,pp. 1 – 44.

〔7〕胡蓉:《最优违约救济:法和经济学的视角》,东北财经大学出版社 2008 年版。

〔8〕G. Grossman,and O. Hart,“The Cost and Benefits of Ownership: A Theory of Vertical and Lateral Integration”,*Journal of Political Economy* 94(4),1986,pp. 691 – 719.

〔9〕杨瑞龙、聂辉华:《不完全契约理论:一个综述》,载《经济研究》2006 年第 2 期。

〔10〕G. J. Stigler,“The Economics of Information”,*Journal of Political Economy* 69(3),1961,pp. 213 – 225.

第3章 “店选网购”跳单与渠道价差[①]

随着互联网和电子商务的兴起，在实体店体验而在网上购买的“店选网购”的跳单[②]现象越来越普遍，也引发了诸多经济学

---

① 原文发表于《中国工业经济》2013年第9期(总第306期)。原题为《“店选网购”跳单问题的竞争关系分析——以图书行业为例》，作者为于立、徐洪海、冯博，责任编辑为高粮。

项目资助：国家自然科学基金“跳单问题的B-T-C范式与应用”(71272190)。

原文关键词：店选网购、跳单问题、渠道价差、“搭便车”、维持转售价格。

② 跳单又称“跑单”或“漏单”，一般是指在三方主体交易过程中，其中两方“合作”谋利，跳过第三方进行交易的行为。最高人民法院于2011年公布的首批首个指导性案例就是“中介选弃”跳单案，跳单在其他领域也很常见，如本章讨论的“店选网购”，医疗领域中的“院诊店购”，店面租赁中的“租少售多”等。英文showrooming或window-shopping指狭义的跳单现象。我们初步研究后发现，跳单理论是“双边市场”理论的重要补充；跳单行为与纵向限制理论中的维持转售价格策略互为“克星”。可以期望，对跳单问题的深入研究可以进一步丰富产业组织理论。

与法学问题。典型的容易发生跳单的行业有服装、电子、电器、家居、化妆品和图书。其中图书行业受冲击最大,争议较多,同时也存在诸多误区。本章依据纵向产业组织理论(特别是纵向价格双轨制理论),以“店选网购”的跳单问题为重点,对这些误区进行剖析,厘清关系,揭示实质,总结出“店选网购”的三个“跳单定律”:(1)店商与网商专业化程度越强(或一体化程度越弱),跳单现象和“搭便车”问题则越多;(2)偏好个性化需求与体验化服务的顾客多选择店选店购,偏好标准化需求与便捷化服务的顾客多选择直接网购,介于两者之间的顾客则多选择店选网购,而只有店选网购模式存在跳单问题;(3)店选网购是跳单的必要条件,而渠道价差较大是跳单的充分条件,跳单率与价差率成正比。在此基础上,初步提出“跳单与维持转售价格互克理论”,同时为企业和政府提出策略选择和政策建议。核心结论是,如果确认企业维持转售价格策略产生了明显的排除和限制竞争的效果,则应鼓励和支持消费者的跳单行为;如果确认消费者跳单行为导致了值得关注的反竞争后果和严重的“搭便车”问题,则应豁免企业的维持转售价格策略行为。

一、互联网对图书行业的三重冲击

互联网的出现和发展,对很多行业都已经、正在或即将产生根本性的冲击和深远的影响。这些冲击和影响并不限于经济领域,还包括文化、政治、军事、外交等领域,而且是全球性的。这些特点在图书行业表现得特别明显。本章重点研究图书行业,但其分析思路和结论具有普遍意义。根据影响大小与广泛程度,互联网对图书行业的冲击由大到小可分成三个层次(见图3－1)。

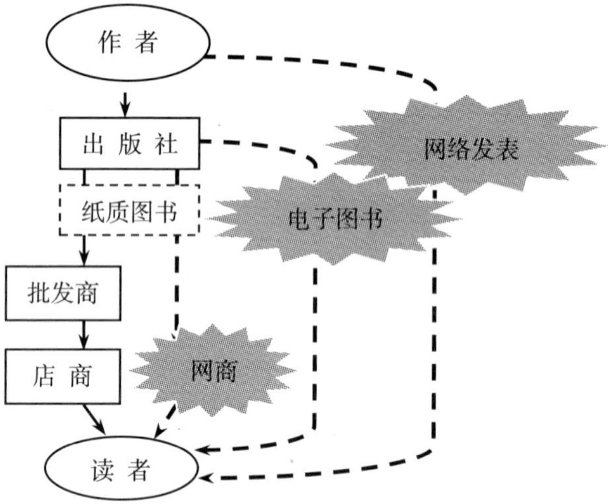

图3－1　互联网对图书行业的三重冲击

第一个层次是“网络写作与发表”对“传统编辑出版制度”的冲击,这是影响最为深远且遍及全球的大趋势。网络写作与发表主要是指以网络文学和微博式写作为代表的,将网络作为发表媒介的新型写作方式,如我国较大的网络文学平台“盛大文学”,作者可以直接在网上写作发表,读者也可以直接在网上阅读。又如,微博、微信、论坛等网络平台也已成为发表个人言论并与读者互动的重要“场所”。相对于传统的编辑出版方式,网络写作和发表不仅可以在较大程度上规避严格的出版进入管制、书号分配和内容审查制度，而且可以绕过纸质图书从编辑出版到批发零售的各个环节，在作者与读者之间（供求双方）建立起直接联系并可以即时反馈。重要的是，以网络为载体的信息传播方式受众广、速度快、交互性强、自由度高。鉴于我国的文化氛围和社会特点，这种冲击则显得更为巨大，影响也会更加深远。

第二个层次是电子图书对纸质图书的冲击。近年来，随着互联网技术的快速发展，电子图书和电子期刊很快被读者尤其是青年读者接受，表现出以下几大特征：(1)电子图书多可免费下载或售价低廉是其被读者广泛接受的主要原因，电子图书阅读器、智能手机和平板电脑等阅读工具的推广，也使便携的电子图书对纸质图书造成更大的影响。如奇书网、北极星书库、百度文库、豆丁网、新浪爱问共享资料和人大经济论坛等，这些网站一般都有可供免费下载的电子图书。另外，一些网上图书零售商也开始销售电子图书，且售价比纸质图书要低得多。当然，这些“免费午餐”也经常涉嫌侵犯作者的知识产权。(2)电子学术期刊（如中国知网、万方数据库、维普网等）的使用率增长得非常快，文化程度较高的读者（如大学教师和研究生）现在大都倾向阅读电子图书、期刊。(3)纸质图书虽然有较为固定的读者群，但需求总量增长缓慢，所占份额有限，且日益下降。

第三个层次是网上购书对实体书店的冲击。自 1999 年起，当当网、亚马逊中国[①]等网上图书零售商迅速崛起，增长速度十分惊人。特别是京东商城在2010年开展图书销售业务以后，网上图书零售商之间的竞争就愈加激烈。网上图书零售商凭借其价格低廉、品类齐全、送货及时等优势对实体书店造成了极大的冲击，主要表现为两种方式：一是顾客直接从网上购买图书，即"直接网购"（直接冲击）；二是顾客在实体店选择体验，而后从网上购买，即"店选网购"（间接冲击）。"店选网购"是一种典型的跳单行为，通常指消费者在店商（实体店）选择体验但不在店商处购买，而从网商（电子商务网站）购买同种商品的行为，参见图3－2。为准确定义，我们把实体店称为"店商"，网上销售商称为"网商"，而不用通常所说的"实体店"和"电商"。据中国电子商务研究中心所做的《2013年3月网购图书数据分析报告》，读者通过网商购书的比例高达60%，其中直接网购占44%，店选网购占16%，参见图3－3。另据2012年12月《消费者报告》（Consumer Reports）的调查，美国消费者通过"店选网购"方式购买电子商品的比例为18%，与我国消费者以这种方式购买图书的比例相当。直接和间接冲击的后果是实体书店纷纷倒闭、业务萎缩或被迫进行业务结构调整。这种现象也并非我国特有，其他国家也都大致如此。为此，一些实体店商叫苦连天，甚至要求立法保护。

① 亚马逊中国的前身是卓越网。卓越网是成立于2000年的中国企业，主要经营图书、音像制品等商品。2004年被亚马逊全资收购，先后又改名为卓越亚马逊（2007年）和亚马逊中国（2011年）。

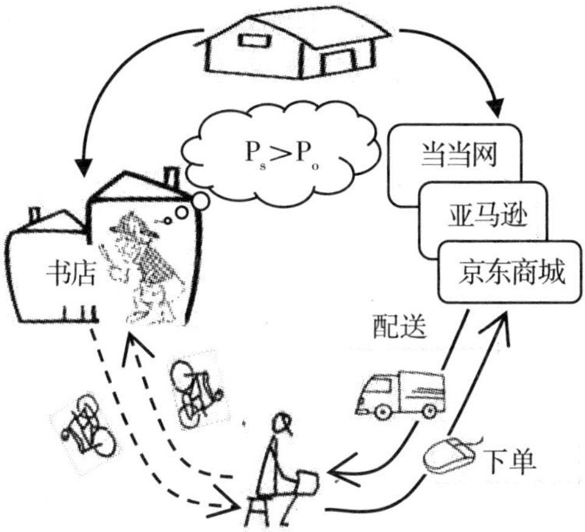

图 3-2 “店选网购”跳单示意

注：P_s 和 P_o 分别表示店商和网商的图书销售价。

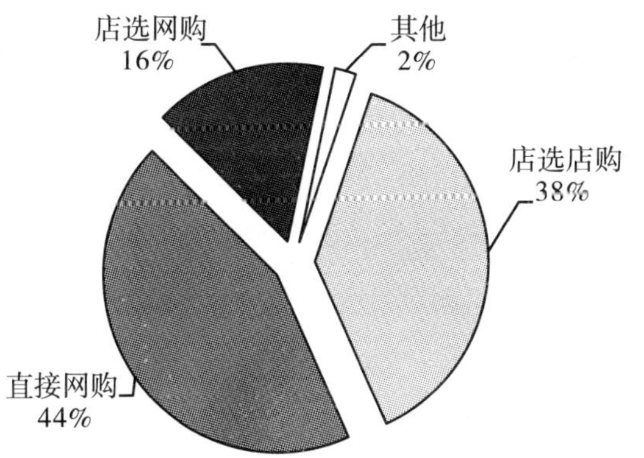

资料来源：中国电子商务研究中心：《2013 年 3 月网购图书数据分析报告》。

图 3-3 图书购买模式比例

这三重冲击不仅对实体书店造成影响，实际上对整个传统图书行业的各个环节也都造成巨大影响。面对这种现象与趋势，中国的官、产、学、媒各界都密切关注、研究，寻找对策。最突出的观点是主张通过价格立法限制打折降价行为，消除“恶性价格战”，保护实体书店生存。比如，中国出版工作者协会①、中国书刊发行业协会、中国新华书店协会就曾于2010年联合制定并颁布了《图书公平交易规则》，其中第22条及第23条规定：对出版1年内的新书，进入零售市场时，须按图书标定实价销售，网上书店或会员制销售时，最多享受不低于8.5折的优惠幅度。这种要求图书按照出版社的标价进行销售且不得打折的行为就是维持转售价格。但他们或许没有意识到，这种试图确认图书“维持转售价格”合法性的做法，实质是《反垄断法》所规定的排除、限制竞争行为，本身就有违法之嫌。正是因为其涉嫌违反《反垄断法》，国家发展和改革委员会曾对此“新书限折令”叫停执行并要求修改。虽然国家发展和改革委员会同意以上三家协会起草《关于豁免新版图书出版发行纵向协议的规定》，但实际市场的竞争结果已经表明，这些规定即使实施也没有效果，而且此规定的合法性及合理性都值得深入研究。本章主要针对这种“以法治市、应对冲击”的行为，以图书行业的纵向产业组织特征（主要环节中的竞争与垄断问题）为分析起点，一方面摒弃“无理取闹”的主张（如对抗“直接网购”），另一方面对“似乎有理”的因素（如“店选网购”中的“搭便车”问题）进行法律经济学分析，最后阐述相应的策略选择和法律政策建

① 中国出版工作者协会于2011年5月更名为中国出版协会。——编者注

议。以上分析思路和对策建议，对服装、电子、电器和化妆品等“店选网购”跳单问题同样多发的行业，应该也是基本适用的。

二、图书行业纵向竞争关系分析

从纵向产业组织关系看，中国图书行业分为上游编辑出版、中游批发、下游零售三个环节，对应的主体是出版社和印刷厂、总发行商和批发商、零售商（包括店商和网商），如图 3－1 和图 3－4。因此，在分析评价零售环节中出现的实体书店经营困难、普遍萎缩的问题时，不能只看零售环节，而应从纵向角度对整个图书行业的主要环节进行产业组织分析，同时兼顾各环节的竞争和垄断情况。

（一）图书行业的纵向产业组织关系分析

1. 上游图书编辑出版环节

在此环节中，我国实行严格的“进入管制”和“书号配给”制度，属于典型的行政垄断。《出版管理条例》第 10 条、第 11 条、第 12 条对出版单位的设立条件作出了具体规定。这些规定看起来简单易行，实际上门槛极高，审批复杂。《中国标准书号》（GB/T 5795－2006）第 5 条第 1 款规定中国 ISBN 管理机构应按照分配规则，根据出版者的出版计划分配书号。主管部门原来主要按照出版社的编辑数量和业绩状况分配书号，现改为分级管理，差别对待，其中奥妙甚多，透明度较低。我国现有出版社不到600家，而欧盟数以千计，美国则数以万计。我国的出版限制主要体现在图书内容上，而图书印刷方面的进入限制则较少，民营中小印刷厂并不少见。中国图书行业行政控制主要是延续原来对政治和意识形态的考虑，但是从产业组织角度看，出版社的实际进入障碍并不高，因为其规模经济性有限，比较适合中小型企业运营。普通图书作者特别是学术性较强的论著作者，面对较强的出版垄断，在稿酬和版权保护方面，谈判能力极其有限，大部分需要向出版社支付出版费用。国家自然科学基金和国家社会科学基金也都视这种出版费用为合理支出。只有少数畅销书作者，情况有所不同。笔者建议，好一点的大学都可设立出版社，他们对学术著作的组稿、编辑成本很低，对打破出版和发行垄断有一定的作用。

2. 中游图书发行批发环节

我国过去一直沿袭着出版社出版图书并由新华书店统一经销的传统模式。2011年颁布的《出版物市场管理规定》①在法律上明确了在新华书店和出版社以外，民营书店、网络书店、外资企业也可以成为图书总发行商。该规定在形式上打破了原新华书店垄断发行批发权的局面，并构成了“二级”（总发行商—批发商）、“多元”（国营渠道、民营渠道、外资渠道、网络渠道）的图书发行批发格局，见图3－4。但是，总发行商和批发

① 《出版物市场管理规定》已重新修订并于2016年实施，同时废止2011年版本。新修订的规定中将总发行的相关内容删除。另外，《出版管理条例》经4次修订后，也删除了关于总发行的内容。本章基于当时情况，重点在于探究图书行业中的“纵向价格双轨制”问题及其中的经济学道理。后文同。

商市场准入门槛较高，并要经过严格的行政审批，截至 2013 年，全国的总发行商只有约一百家，其中民营总发行商只有十几家，竞争严重不足，行政垄断仍然存在，而且新华书店由于历史原因，仍然垄断着中小学教材的发行权和经营权。如果按经济发展规律的要求，进一步放开批发市场准入，并且取消中小学教材发行方面的歧视待遇，图书行业的竞争会更为充分。

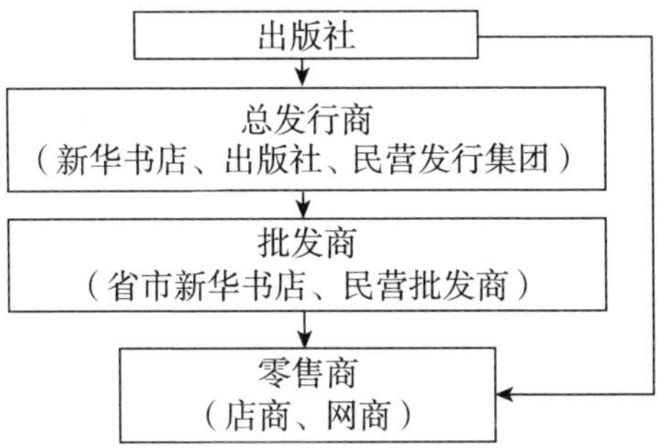

图 3－4　图书发行批发流程示意

3. 下游图书零售环节

相比上、中游两个环节，下游的图书零售环节的竞争越来越强。在网商出现之前，特别是在民营书商进入之前，借助出版社在图书封底标注的统一零售价格（即事实上的维持转售价格），加之实体店同行之间缺乏竞争，店商可在较大程度上维持图书转售价格，并据此获得垄断利润。后来，由于民营书商的进入，垄断利润逐渐变薄。而在电子商务出现之后，网商基于成本效率的低价冲击使店商的维持转售价格策略难以为继，其主导地位也逐渐瓦解。在这个过程中，有两种力量发挥作用，一是直接网购，二是“店选网购”。就后者而言，虽然店商自称是互联网冲击的受害者，有时被迫成为网商的“试衣间”，但实际上，网商对店商的冲击更多的是两者竞争的必然结果。虽然在店商与网商之间存在是非待辨的“店选网购”现象和相应的“搭便车”问题，但它的冲击影响有限，更大的冲击来自直接网购。

（二）图书行业的“纵向价格双轨制”问题

根据我们提出的“纵向价格双轨制”理论，大体上可以判断，中国图书行业表现为“上游行政垄断—中游竞争不足—下游竞争激烈”的基本格局是引发零售环节出现问题的重要缘由。与此形成反向关系的是电力行业，即“上游高度竞争—中游竞争不足—下游高度垄断”，也能说明同样道理，见表3－1。可以说，不论是图书行业纵向上竞争由弱趋强（同时必然是垄断由强趋弱），还是电力行业纵向上竞争由强趋弱（同时必然是垄断由弱趋强），都属纵向价格关系的扭曲，都不符合市场经济配置资源的根本要求。这种“纵向价格双轨制”比通常所说的“横向价格双轨制”情况更复杂，也更有改革的必要。

表3－1　两类“纵向价格双轨制”比较

类型	上游	中游	下游	争议焦点
竞争由弱趋强（垄断由强趋弱），如图书行业	严格进入管制 书号高度垄断 行政垄断严重	发行权集中 竞争不足	店商僵化被动 网商崛起扩张 竞争激烈	1.“店选网购”的跳单问题是非待议 2.图书维持转售价格合法性存疑

续表

类型	上游	中游	下游	争议焦点
垄断由弱趋强(竞争由强趋弱),如电力(火电)行业	电煤(煤企)高度竞争	电厂(电企)竞争不足	电网(网企)高度垄断	1. 存在零星直接售电,竞价上网不足 2. 对电网自然垄断特征误区较多

上游垄断定价(对应行政垄断)和下游市场定价(对应竞争)的“纵向价格双轨制”格局不仅在根本上导致图书零售价格的扭曲,同时也造成图书行业各环节的利润分配不均衡,出版社保持着稳定的利润空间,作者知识产权保护不足,零售商只能获得微利,大批店商面临经营困难,有些甚至处于亏损倒闭的境地。其中一个关键问题是,新华书店依靠其在发行业务(如教材垄断)方面的优势地位在下游零售环节拥有较强竞争力,本来没有普遍亏损的道理,但实际中却存在亏损的事实,亏损的主要原因是经营机制老化、人员组织臃肿、企业战略保守、服务意识不强,有的也确应退出行业。总体来说,中国图书行业普遍存在著作权人(特别是著名学者,还有较多的音乐作品著作权人)利益保护不足、中间环节过多、读者得不到应有的实惠等现象。用产业组织理论术语说就是,图书行业事实上的纵向双轨制和价格扭曲,造成了不可低估的已发生的和潜在的

“社会福利净损失”(deadweight loss[①] of social welfare)。在这个过程中,网购图书的冲击(直接和间接)只不过是“导火索”而已。

厘清了图书行业的上述纵向关系后,便可集中分析零售环节的竞争关系。具体可分成三种:一是店商与网商的竞争,表面上也有横向竞争,实质是纵向差异化竞争,如店商和网商在经营品种、商品体验、送货服务、购物方便程度等方面存在的差异,这种竞争多有跳单现象和“搭便车”问题;二是店商与店商的竞争,这属于同行横向竞争,基本没有跳单现象和“搭便车”问题;三是网商与网商的竞争,也是同行横向竞争,也基本没有跳单现象和“搭便车”问题。具体可见表3-2。

表3-2　三种竞争关系比较

竞争关系	买者跳单	卖者“搭便车”	纵向竞争	横向竞争
店商—网商	⊙	⊙	⊙	⊗
店商—店商	×	×	×	⊙
网商—网商	×	×	×	⊙

注:⊙表示存在,×表示不存在,⊗表示兼而有之。文中以下各表含义相同。

图书行业中,新华书店在网商出现之前的很长一段时期内“一统天下”,在相关市场中具有垄断地位。目前来看,第二种

① 至今仍有人很外行地用“无谓损失”一词表达deadweight loss的含义。准确理解此词要注意两个要点:一是这种损失不是“无谓”,而是很重大;二是扣除垄断产生的价格扭曲带来的消费者剩余和生产者剩余转移部分后,还有潜在的社会综合“净损失”,要点在“净”。

竞争(店商与店商的竞争)日趋激烈,除一些小型书店外,“诚品”和“佩吉”(PAGE ONE)等连锁书店都形成了自己鲜明的品牌特色。同时第三种竞争(网商与网商的竞争)中的网商也逐渐形成各自的特色。例如,当当网从经营图书起家,现在也兼营其他商品,商品配送借助第三方物流;京东商城原以经营电子商品为主,现在也介入了图书领域,并有自己专门的物流配送系统,在时效上具有优势。目前来看,当当网送货时效稍差,但价格较低且优惠折扣较多;京东商城送货时效较好,但价格稍高。二者可满足顾客的不同需求,形成了差异化竞争。亚马逊中国的特色是进口图书种类多,电子图书优势明显,并且开发了电子书阅读器 Kindle,也建有物流配送系统。由于后两种竞争关系(即店商与店商,网商与网商)不存在明显的顾客跳单和网商搭店商便车的问题,本章重点讨论第一种竞争关系,即店商与网商之间“店选网购”的跳单问题产生的原因和规律。

三、图书零售环节中的跳单问题

图书行业下游零售环节中店商与网商之间的竞争关系是本章分析的重点,原因是这个环节存在较为普遍的跳单现象。那么,到底图书行业中顾客跳单和网商“搭便车”现象背后存在哪些经济规律,又该怎样解决?影响顾客跳单的主要因素是什么?下面从企业经营模式、顾客购买模式和经营渠道价差三个角度进行分析,并尝试总结出相应的三个“跳单定律”。

(一)企业经营模式比较

网商的介入使图书零售环节形成新型的市场结构。在供给方面表现出“两类企业(店商、网商)加三种模式(并存、合并、混合)”的组合关系,见表3-3。为分析简便,假定店商与网商处于同一市场,两类零售商经营的商品本身无差异,但经营模式有所不同。暂不考虑价格和非价格因素对需求方面的影响,仅从供给角度考察企业不同的经营模式对跳单问题的影响,分析其他问题时可放松这一假定。

表3-3 企业三种经营模式特征比较

经营模式	买者跳单	卖者“搭便车”	专业化	一体化
并存模式	⊙	⊙	⊙	×
合并模式	×	×	×	⊙
混合模式	×	×	⊗	⊗

经营模式1——并存模式:店商与网商独立经营,相互竞争,分别从事纯实体销售业务和纯网上销售业务。两类零售企业均不实行纵向整合,各自追求专业化经济,放弃一体化经济。顾客根据商品外在特征和价格高低选择购买方式,即店选店购、直接网购还是店选网购。这些外在特征包括售前售后服务、购买风险等,这里不考虑商品内在差异,因为已经假定商品本身无差异。如果顾客选择店选店购和直接网购,店商则面对直接的低价冲击,但不存在跳单现象,也不存在“搭便车”的问

题。如果顾客采取店选网购的方式,则会产生网商搭店商的便车或外部性问题,导致对店商的间接(或隐蔽)低价冲击。店商对第一种直接网购冲击,应该无话可说,因为这实属两者正常的竞争;对第二种冲击,店商则有一定的合理诉求因素,应该考虑外部性补偿问题。

经营模式 2——合并模式:原两类独立经营企业即店商与网商实现一体化合并,成为单一法人。在这种情况下,无论顾客选择哪种渠道购买商品,都对一体化利益没有影响,因为合并后的店商与网商之间的外部性实现了内部化,从而避免了跳单与相应的“搭便车”。然而,在合并模式和下述混合模式下,一体化企业内部的实体销售业务与网上销售业务之间(企业内部不同事业部,或“成本中心”或核算单位),只要线下、线上业务存在价格差异,就有可能出现内部跳单,但不存在企业之间的“搭便车”问题,公司总部可以方便地通过内部核算予以处理。例如,大型零售商苏宁发布“双线同价”公告,从 2013 年 6 月 8 日起,实现苏宁店面与苏宁易购的融合,将“店面体验、网上下单”的购物行为,改变为“网上比价、店面购物”的 O2O (online to offline)模式,所有苏宁门店、乐购仕门店销售的全部商品将与苏宁易购实现同品同价。这也许能够开创新的商业经营模式,但目前来看难题不小。合并模式在可能获得一体化经济的同时,也可能消除潜在的基于分工的专业化经济。当然,这种纵向一体化也很可能增强相关企业的市场势力,有垄断之嫌,因而对此应慎重对待。后面要讨论的维持转售价格策略与此类似,虽然不涉及组织机构调整,但通过实施纵向价格协议,也可以达到类似效果,这也是反垄断机构需要密切关注的。

经营模式3——混合模式:原先的店商和网商虽仍为独立企业,但实体销售业务与网上销售业务混合经营。这时,店商和网商都不再是纯粹单一的业务分工。这种混合模式发展到一定程度之后,店商与网商的区别就可能不再存在了。但现实中由于多种因素的作用,比较常见的仍是店商以实体销售业务为主,以网上销售业务为辅;网商则以网上销售业务为主,同时可能有少量的实体销售业务。店商因其进货渠道成熟、品类服务齐全、存储方便,稍加改造即可以较少的投入开展网上销售业务;与其对应,网商也可以开展实体销售业务,但目前这种情况并不多见。总之,混合模式往往是专业化经济与一体化经济兼而有之,此时顾客跳单与网商的"搭便车"问题虽然不能完全消除,但可以得到根本性缓解。

通过对三种经营模式的比较以及对跳单问题的分析,可以发现,并存模式与合并模式实为两种极端的情况,混合模式则介于二者之间。在并存模式到合并模式的变化过程中,一体化程度逐渐增强,专业化程度则逐渐趋弱,而跳单程度也随之逐渐降低。由此得出:

跳单定律1:在其他条件不变的情况下,店商与网商专业化程度越强(或一体化程度越弱),跳单现象和"搭便车"的问题则越多;店商与网商专业化程度越弱(或一体化程度越强),跳单现象和"搭便车"的问题则越少。

(二)顾客购买模式比较

从顾客需求方面看,在图书行业的下游零售环节中,店商与网商之间的竞争表现为店选店购、店选网购和直接网购三种主要购买模式。从理论上说,顾客也可有“网选店购”的购买方式,从而店商搭网商的便车,但这方面的事例较少,本章暂不研究。顾客在选择购买方式时,商品价格差异、商品特征差异、购前售后服务、购买风险等都是影响其决策的因素。中国电子商务研究中心在《2013 年 3 月网购图书数据分析报告》中指出,消费者选择图书网商时考虑的因素:一是品种是否丰富;二是价格是否便宜;三是送货时间是否短;四是订单操作是否简单;五是搜索是否精准快捷。但这些只是指对网商的选择,不是对购买模式或是否跳单的选择。归纳起来,消费者选择购买模式或是否跳单时考虑的因素不外乎两类:一是价格因素;二是非价格因素。这里暂不考虑价格因素,而只考虑非价格因素对消费者购买模式或跳单问题的影响,分析的要点见表 3-4。在非价格因素中,又可细分为个性化需求与体验化服务。个性化需求主要包括:装帧与封面设计、普通版还是收藏版或限量版、版本先后、赠品或周边产品、签名售书等。体验化服务主要包括:图书推介、店内试读、氛围营造、退换服务等。当然,购买风险也是影响购买模式的非价格因素之一,但对图书销售而言,网商的图书质量也多有保证,因此这一因素这里可以暂不考虑。而当分析其他商品如服装时,购买风险就显得较为重要。

表 3 – 4　顾客三种购买模式特征比较

购买模式	买者跳单	卖者“搭便车”	个性化需求	体验化服务
店选店购	×	×	⊙	⊙
店选网购	⊙	⊙	⊗	⊗
直接网购	×	×	×	×

购买模式 1——店选店购：顾客到店商选择体验并最终购买商品。店商通过实体商店展列图书，使顾客对所购商品有直接的感触，也能够方便地提供相关赠品，举办签名售书活动。好的店商拥有专业导购人员为顾客提供购前咨询和图书推介，能提供场地使顾客在店内试读，营造读书氛围，也能对所售图书提供便捷的退换货服务等。概括地说，“店选店购”的购买模式可以满足顾客对商品的个性化需求，同时也能使顾客获得相对完善的体验化服务，因而成为注重商品个性化与服务体验化且时间较为宽裕的顾客的首选购买模式。在这种购买模式下，顾客选购商品的过程均在实体店完成，也就不存在顾客跳单和网商“搭便车”的问题。如图 3 – 3 所示，顾客通过店选店购方式购书的比例为 38%，这个份额还在日益下降，主要是店选网购与直接网购对其造成较大的冲击。应该说，实体书店如能不断发挥自身优势，开展特色化经营，更好地满足顾客的个性化需求，为顾客提供体验化服务，则可在“店网大战”中保留一定的竞争优势，并可占据一席之地。

购买模式 2——店选网购：顾客在店商选择体验，但最终从网商处购买，这种模式由“店选”和“网购”两个环节组成。顾客通过“店选”可以获得店商免费提供的售前咨询、售中试读等体验化服务，又能满足顾客对图书设计、版本差异等方面的个性化需求。之后再通过“网购”，顾客可以在一定程度上实现“熊掌与鱼兼得”，既能得到免费的“店选”服务，又可获得网商的低价优惠。当然在现实中，顾客选择店选网购的方式，多是对商品个性化与服务体验化要求不高，更重视价格因素，所以跳过店商而从网上购买。这种店选网购模式必然引发跳单问题，并且也会引发网商“搭便车”的问题，有时以上问题都还较为严重。

购买模式 3——直接网购：顾客选购商品的过程全部在网上完成。直接网购的特点有二：一是价格低廉，据估算，多数图书价差率在 20%~40%；二是适合标准化程度高的商品（如图书）。如前所述，数据表明，直接网购已经成为对店商经营冲击最大的购买方式，在 60% 的网购图书中，有 2/3 来自直接网购。由于商品的“选”和“购”的过程全部在网上完成，因此直接网购模式并不存在顾客跳单和相随的“搭便车”的问题。

通过对三种购买模式的比较分析，可以得出：

跳单定律 2：在价格一定的条件下，偏好个性化需求与体验化服务的顾客多选择店选店购（样本数据为 38%）；偏好标准化需求与便捷化服务的顾客多选择直接网购（样本数据为 44%）；介于两者之间的顾客则多选择店选网购（样本数据为 16%），而且只有店选网购模式存在跳单问题。

（三）经营渠道价差分析

在其他因素一定时，价格就成为影响顾客选择购买渠道的关键因素。据 2011 年 7 月 comScore 公司的一项调查显示，在美国的智能手机用户中，放弃店内购物的最主要原因是在网上能够找到更优惠的价格，选择这种原因的受访者比例高达 52%。在对非价格因素进行具体分析后，下面重点分析销售渠道价差与“店选网购”跳单问题的关系。

笔者团队在 2013 年 7 月进行了一次调查，重点比较了店商与网商之间的渠道价格差额。基本计算方法是，在不同类别中选择若干种具有代表性的图书，以受网商冲击较大的新华书店标准定价为基准（实体店很少打折），与网购图书排名前三位的主流网商亚马逊中国、京东商城和当当网的平均价格进行比较，计算价差率。调查发现，在图书行业若干种代表性商品组别中，店商价格与网商价格的价差率多在 20%~40%。如果将跳单率作为衡量顾客店选网购跳单程度的指标，那么，有数据表明，中国图书零售中的跳单率为 16%，美国电子商品的跳单率为 18%。

为进一步分析渠道价格差额和价差率对顾客跳单的影响，现假设：P_w——图书商品批发价格，通常同一市场价格相同；P_s——店商图书商品销售价格，P_o——网商图书商品销售价格；C_s——店商成本加价，C_o——网商成本加价；π_s——店商单位利润，π_o——网商单位利润。因此可有：

$$P_s = P_w + C_s + \pi_s \tag{3-1}$$

$$P_o = P_w + C_o + \pi_o \tag{3-2}$$

正常竞争情况下，店商与网商的利润应该相当，即 $\pi_s \approx \pi_o$。根据式(3－1)和式(3－2)可得渠道价差额 P_d 为：

$$P_d = P_s - P_o = (P_w + C_s + \pi_s) - (P_w + C_o + \pi_o) \approx C_s - C_o \quad (3-3)$$

进而渠道价差率 R_p 可定义为：

$$R_p = \frac{P_s - P_o}{P_s} = \frac{P_w + C_s + \pi_s - P_w - C_o - \pi_o}{P_w + C_s + \pi_s} \approx \frac{C_s - C_o}{P_s} \quad (3-4)$$

由式(3－4)可知，价差率 R_p 直接取决于店商成本加价 C_s 与网商成本加价 C_o 的差额。从顾客角度看，上述分析并没有考虑交通费用(顾客往返实体店的交通费)与网购运费。但现实中，网购多数情况下是免运费的，如当当网、亚马逊中国和京东商城都有满一定购买额度免运费的优惠政策，实际上这种最低额度都很小，经常相当于一本书的价格。考虑到这个因素后价差率会更大。从商家角度看，据我们调查得知的 20%～40% 价差率推算，网商的成本加价一定很低，甚至可以忽略不计。也就是说，在一定条件下，影响价差率的主要因素是广义的“店面费用”，即包括物业成本、店面租金、工资成本、存货成本、税收等各成本因素的分摊费用。但产业组织理论说明，除非该企业具有市场垄断势力，不然企业自己加进自定分摊成本后的价格不一定能得到市场认可，这才是问题的关键所在。以新华书店为例，实体店的大多店面都是自有产权的，较少有账面上的租金问题，也很少会考虑机会成本。工资成本中含有部分离退休职工福利的成分，这应是社会负担问题，网商基本没有这种负担。新华书店在中小学教材发行方面具有经营特权，项目组调查后发现，新华书店 90% 的盈利来自中小学教材经营，可以弥补部分成本，如果没有这个特权优势，新华书店的经营会更困难。但无论如何，价差率不应该如此之大。

在一定条件下，当网商价格明显低于店商价格时，顾客必然跳单。显然，跳单率与价差率成正比符合经济学常识和人们的一般直觉。因此可得：

跳单定律 3：店选网购模式是跳单的必要条件，而渠道价差较大是跳单的充分条件。当其他条件（非价格因素）不变时，跳单率与价差率成正比。

总结以上分析和三个跳单定律，可以得出的综合判断是，“店选网购”的跳单问题具有二重性：一方面表现为网商对店商的冲击，但其背后是电子商务带来的效率或成本节约，这是经济发展的必然规律使然。另一方面表现为网商在顾客跳单过程中通过“搭便车”侵害了店商的利益。然而，这种“侵害”一是对店商的影响比较有限，因为对店商的主要冲击来自直接网购，而不是店选网购；二是假如没有网商的竞争，实体店仍可维持较高的价格和相应的利润，这也不符合经济规律。所以总体来说，网商对店商的冲击主要是竞争效应的体现。客观来说，直接冲击促进了市场竞争，提高了行业效率，符合技术进步和经济发展规律；间接冲击也确实有“不公平”的一面。对于直接冲击，店商只能面对现实，顺应规律，或者退出竞争，或者设法应对。而对于间接冲击，虽然店商值得同情，但试图通过“立法”来恢复原来的局面，既不合法理，也不切实际。如果接受下文的另一结论，那么店商更应采取一体化或混合经营模式以及多元化业务策略来应对被动局面，适当介入网上业务或其他业务，而不是靠“借口”书店的“公益性”获取生存空间。虽然似乎也可以考虑经营某些具有专营特点的“定制商品”，如在汽车和服装行业，企业可以经营某些具有专营特点的“定制商品”来对抗顾客店选网购或直接网购，但要慎重，以免涉嫌垄断。就图书行业而言，这样做不仅可能有垄断之嫌，而且也很难成功。

四、图书行业维持转售价格的法律经济学分析

在中国近年的图书市场运行中，处于竞争劣势的店商及其“代言人”经常指责网络书店在销售环节“任意打折、恶性竞争”，并呼吁有关部门立法制止。2010 年 1 月 8 日，中国出版工作者协会、中国书刊发行业协会、中国新华书店协会就颁布了《图书公平交易规则》，提出“新书限折令”，即要求出版 1 年内的新书进入零售市场时，须按图书标定实价销售，网上书店或会员制销售时，最多享受不低于版权页定价的 85% 的优惠幅度。“新书限折令”主要是针对网络书店对实体书店的冲击，但是在其实施的 3 年多时间中，低于版权页定价的 85% 的销售比比皆是，甚至由新华书店组建的网络书店也开始以低于版权页定价的 85% 的价格销售图书。事实上，在“新书限折令”颁布不久，当当网就发表声明公开拒绝执行“新书限折令”，并提出其有违法之嫌。规则制定方陷入了“违法又吃亏”的尴尬境地，

因此也并未对当当网等的“低于版权页定价的85%”售书的行为加以处罚。“新书限折令”只能是一纸空文,形同虚设。其实,即便实施“新书限折令”,网络书店也会通过“团购”等变通手段规避限制。

这种“新书限折令”的主张实质上并没有抓住要害。细究起来,需要明确的有四点:一是规范图书行业正常竞争无须新的立法,现有法律已有明确规定;二是适用图书行业竞争关系的主要法律是《反垄断法》,而不是其他法律;三是《反垄断法》中与图书行业最相关的条款是“维持转售价格”;四是“维持转售价格”这一条款的恰当执法需要正确地对其进行法理分析和经济评价。

维持转售价格是一种经常引发争议的企业经营策略,也是法律经济学特别是反垄断经济学中的一个重要议题,近年来,其在我国图书销售领域表现得较为突出。2013年8月1日,在《反垄断法》实施5周年之际,上海市高级人民法院对“锐邦诉强生案”的判决是我国在这个领域的第一个典型判例,并确认了该案中的维持转售价格是一种被《反垄断法》禁止的排除、限制竞争的纵向垄断行为,该判决结果对图书行业也有借鉴意义。我国的图书封底惯例上都标有明确的定价,这种行为在一些国家本身就可能是违法的,也与我国《反垄断法》的主旨相悖。但由于实际上普遍存在幅度较大的打折行为,因此这种表面上的维持转售价格完全形同虚设,效果也十分有限。在我国经济运行中,有许多现象名不副实,因而一些不大正确的理念和政策在事实上的负面影响并不大。

单从法学角度看，维持转售价格因违背“限制处分权理论”和“契约自由原则”而多被认为属“本身违法”的行为。但是，经济学特别是产业组织理论的研究却表明，维持转售价格可能同时产生促进竞争效果（正效应）和限制竞争效果（负效应）的两种效果，简单适用“本身违法”原则显得过于机械和严苛，有时反而会抑制维持转售价格可能给市场带来的竞争活力。因此，各国均从法学和经济学的双重视角或法律经济学的综合视角审视维持转售价格的合法性和合理性问题，其中美国的“合理推定”执法原则及欧盟的“原则违法、例外豁免”执法原则最具代表性。美国 2007 年的“丽晶诉 PSKS 公司案”确立了维持转售价格可不适用“本身违法”原则，而适用“合理推定”原则。欧盟关于维持转售价格的规定体现在《欧盟公约》第 81 条中，其中第 1 款属于“原则违法”，第 3 款则属于“例外豁免”。其实，这两个执法原则的思路“殊途同归”，没有实质差别。我国大体上属于后者，即也是“原则违法、例外豁免”。

我国关于维持转售价格的法律条款主要有：《反垄断法》第 14 条禁止“固定向第三人转售商品的价格”和“限定向第三人转售商品的最低价格”（属于原则违法），以及第 15 条可以豁免的为了提高质量、增进效率等情况的纵向垄断行为（属于例外豁免）。相关的还有《反不正当竞争法》[①]第 12 条禁止附加不

① 基于当时研究的情况，本书涉及的《反不正当竞争法》条款均是 2017 年修订前的内容。后文同。

合理条件销售行为的规定,《价格法》第14条及第40条禁止不正当价格行为以及《合同法》的相关条款等。重要的是,《反垄断法》第14条与第15条关于维持转售价格的规定,虽然形式与欧盟的"原则违法、例外豁免"原则相近,但是实质上却排除了被告援引《反垄断法》第15条进行抗辩的权利,原因是判断某种维持转售价格行为是否可以提高质量、增进效率以及是否有增进"社会公共利益"的效应过于困难。然而,这不正说明,实体书店的诉求首先就与《反垄断法》宗旨相违背吗?

根据《反不正当竞争法》第12条的规定,有学者认为维持转售价格应属于附加其他不合理条件的销售行为,故认定其属于当然违法的行为。即便认定应先判断某种维持转售价格行为的合理性,再认定该行为的合法性,但由于该条款的模棱两可,在法律实践中也几乎没有司法判例。根据我国《价格法》第14条的规定,与维持转售价格相关的条款是不得有"相互串通,操纵市场价格,损害其他经营者或者消费者的合法权益"的行为。这一条款显然也不能成为实体书店诉求的法律依据。在我国以往的司法实践中,通常认为维持转售价格是一种纵向协议,属于合同纠纷,一般会援引《合同法》来处理。在"锐邦诉强生案"中,被告强生公司也以此作为抗辩理由,认为原告提出的损失属于合同纠纷产生的损失,不适用《反垄断法》。但是,如果维持转售价格协议本身违反《反垄断法》,则属于无效合同,"反抗"维持转售价格的行为当然也不是违约行为。

从更一般的意义上看,这里似可提出一个新的更值得深入研究的产业组织理论命题，简称“跳单与维持转售价格互克理论”，即在纵向产业组织竞争关系中，消费者的跳单行为与企业的维持转售价格策略互为克星。也就是说，在一定的条件下，跳单行为有利于消除维持转售价格的限制竞争效力，而维持转售价格反过来也倾向于制止跳单行为及其相应的“搭便车”现象。由此得出的基本推论则是，对于反垄断机构而言，如果确认企业的维持转售价格策略产生了明显的排除和限制竞争的效果，则应鼓励和支持消费者的跳单行为；如果确认消费者跳单行为导致了值得关注的不正当竞争后果和严重的“搭便车”问题，则应豁免企业的维持转售价格的行为。

这一新的理论发现可对有关维持转售价格的反垄断执法提供新的执法思路。各国对维持转售价格的反垄断执法原则几乎都是“原则违法、例外豁免”，美国由执行“本身违法”原则转为“合理推定”原则也是同理。可见原则并不复杂，难点主要体现在对豁免条件的经济分析方面。现在，根据上述的跳单定律和相关命题，则可以避繁就简地观察是否存在跳单现象，跳单程度及规律如何，从而判断是否需要以及如何进行反垄断规制。这至少是个新的执法角度，比如，如果跳单现象较多（同时价差率趋于减小），则对维持转售价格就不必过虑；如果跳单现象较少（同时价差率趋于增大），则对维持转售价格就应加强反垄断执法。按这个思路来审视我国图书行业的竞争情况，是非结论和政策导向岂不是比较清晰？

五、基本结论与政策建议

互联网及其相应的技术革命对现代社会的影响超出了人们的想象。这种冲击对经济、政治、文化、法律、外交等各方面也都已经或即将产生根本性影响,并必然会引起相应的变革。孙中山先生说过的“世界潮流,浩浩荡荡,顺之者昌,逆之者亡”,正应此事。但是图书行业面对网络的冲击,显然过于被动、迟钝、保守,试图通过“新书限折令”等手段维护实体书店的生存也难以实现。概括起来有以下几大误区:(1)认不清互联网(网购)冲击的广深性和不可避免的大趋势;(2)只关注零售环节,而不是从纵向角度综合分析;(3)店商只想保护既得利益,看不到本身就涉嫌违反《反垄断法》(既吃亏又违法);(4)对其中的关键问题(如“店选网购”中的“搭便车”问题)没有抓住要害;(5)对解决困境存在不切实际的幻想,而不是主动应对。本章针对这些误区,基于前面的分析及总结出的跳单定律,提出如下的基本结论和政策建议:

(一)要从纵向产业关系来分析图书行业的竞争行为

研究图书行业应该从整个行业的纵向关系着眼,综合分析各个环节中的竞争与垄断关系。根据“纵向价格双轨制”理论,上游高度竞争、中游竞争不足、下游高度垄断的市场(如电力市场)的纵向关系是扭曲的。同理,在上游行政垄断、中游竞争不足的条件下，下游的竞争也必然会是扭曲的，图书市场就是如此，简单地从横向角度评价某一环节的竞争格局难免偏颇。在图书行业，只从零售环节的横向角度来看，的确存在“店选网购”的跳单行为及相伴随的“搭便车”问题；但是从纵向关系来看，跳单又是对维持转售价格纵向垄断行为的有力“反抗”，在很大程度上有其合理性。因此，不能对图书零售环节中的“店选网购”的跳单问题一概否定，在多数情况下，跳单对促进竞争还是起着积极作用的。纵向产业组织或纵向限制是国际上经济学的前沿问题，纵向垄断也是竞争政策（或反垄断执法）的难点所在。近年来，我国也逐渐关注纵向垄断行为，先后查处了“奶粉限价销售案”“锐邦诉强生案”等纵向垄断案件，但仍存在很多值得进一步深究的问题。在政策论证过程中，经济分析的作用应该加大，同时也不可低估分析难度。

（二）政府应谨慎干预图书行业中“店选网购”的跳单行为

图书行业广泛存在“店选网购”的跳单现象，并且表现出跳单率与价差率呈正向相关关系的规律（跳单定律 3），这是企业经营模式（跳单定律 1）和顾客购买模式（跳单定律 2）综合作用的必然结果。因此，政府行政部门和反垄断执法机构应该正确对待任何方面的片面诉求和主张，不宜简单从事，轻易干预。分析和处理相关问题时，应该借鉴“跳单与维持转售价格互克理论”，即消费者跳单行为与企业维持转售价格策略互为克星的命题与推论，政府不宜过多干预。基本的政策规则（实施条件和政策导向)是,如果确认企业的维持转售价格策略产生了明显的排除和限制竞争的效果,则应鼓励和支持消费者的跳单行为;如果确认消费者跳单行为导致了值得关注的不正当竞争后果和严重的“搭便车”问题,则应豁免企业的维持转售价格策略行为。

（三）企业应理性地选择经营策略

对于图书零售环节中“店选网购”的跳单现象,其中存在的不合理因素主要是网商搭店商便车的问题。对于网商而言,应该考虑对店商给予某种形式的“适当补偿”,至少可以部分解决“搭便车”的外部问题,否则理亏。但店商不应过于期望通过维持转售价格或“新书限折令”这样的手段来维持生存。从长远来看,店商可以通过转变经营观念、开设网上书店、提供特色产品、提高服务水平等手段来限制跳单行为,最终通过市场机制自动解决网商的“搭便车”问题。原因是,图书行业供给方面所面临的来自网商的高效率直接冲击是大势所趋;需求方面由于顾客“店选网购”所产生的跳单行为与“搭便车”问题带来的间接冲击,虽然有不公平的因素,但其冲击影响有限,店商只能积极应对,不能等、靠。对于与互联网发展相关的大趋势,有关企业应顺应潮流,积极、主动地应对网络时代的冲击。实体书店为改变“被动应付”的局面,可以采取纵向扩展(发展网上销售业务)或横向多样化经营的“以攻为守”策略。有的实体书店则应选择尽早退出原有行业,因为实体书店的萎缩已是全球性的普遍现象。实体书店作为顾客跳单过程中网商“搭便车”行为的受害者，虽然值得同情，但一方面相对于网络发展对行业的整个冲击，合理诉求的因素在比重上比较有限，另一方面也应该认识到现实经济至多是个“次优”的世界，只有“自强”才能生存发展。

（四）通过《反垄断法》来规范图书行业的竞争关系是治本之策

竞争是一切市场经济的核心，竞争与垄断的关系是经济学的主题，《反垄断法》是竞争政策的核心法律。试图通过立法，特别是通过维持转售价格或“新书限折令”等手段来限制网商的竞争行为的主张，在法理上不充足，在实践上行不通。对于这种纵向限制行为至多是法律豁免，不可能通过法律规定来强制实行。政府行政部门和执法机构应该从法学和经济学，特别是二者的结合——法律经济学的角度来客观分析，慎重处理。特别需要强调的是，从长期来看，不应也不可能通过价格立法解决店商的困境，反过来应根据《反垄断法》来规范图书行业的竞争关系。有关的企业诉求或行业主张首先要符合《反垄断法》，否则难免陷入“既吃亏又违法”的尴尬境地。在《反垄断法》实施 5 周年之时，国务院反垄断委员会专家咨询组副组长黄勇教授提出，民众要了解《反垄断法》，企业要遵守《反垄断法》，政府要理解《反垄断法》。这就要求，民众需要了解市场竞争符合消费者的根本利益和切身利益；企业要改变对《反垄断法》无知无畏的态度；政府既不能自身搞行政垄断，也不能对市场随便干预。具体到图书行业来说，在编辑出版环节，应放松出版的市场准入,打破书号垄断;在发行批发环节,应消除歧视性政策,维护自由竞争;在零售环节,应限制维持转售价格行为,允许企业自主定价、自由竞争,让消费者受惠。这才是治本之策和根本之路。

(五)本章学术思想和政策结论对其他领域的普遍意义

维持转售价格或纵向协议在产业组织理论和法律经济学中是一种典型的纵向限制行为,但它是否构成《反垄断法》所指的纵向垄断行为或纵向垄断协议则要具体分析。近年来,我国的反垄断执法机构加强了对维持转售价格等案件的查处力度。国家发展和改革委员会于2013年处罚了茅台、五粮液对经销商进行价格控制的行为,对合生元、多美滋、美赞臣、惠氏、雅培、富仕兰(美素佳儿)等奶粉企业进行了维持转售价格的反垄断调查。药品加价机制也是构成药品消费终端价格畸高的体制原因,与《反垄断法》主旨相悖,但目前还未从纵向限制的角度引起相关方面的足够关注。上海市高级人民法院于2013年8月1日宣判的"锐邦诉强生案",成为我国第一个纵向垄断司法判例,具有里程碑意义。但是,我国的纵向垄断案件总体上仍面临着"理论不清"、"难以认定"、"取证困难"和"赔偿不足"等方面的问题,其中的经济分析或专家证词水平有待提高,"原则违法、例外豁免"的相关执法原则还需要完善。1911年,美国最高法院判决的"迈尔斯诉帕克公司案"就是经典案例。直到1960年,才由经济学家泰舍尔(Telser)对此判例给出了合理的法律经济学解释,泰舍尔的解释实际上涉及了跳单问题,但仍没能给出明确的经济学概念。希望本章提出的“跳单与维持转售价格互克理论”是对相关理论研究的一个贡献，当然本章的研究还很初步。

本章参考文献

〔1〕于立、冯博:《最高人民法院首个指导性案例的法律经济学分析——“跳单案”案例研究》,载《财经问题研究》2012 年第 9 期。

〔2〕于坚:《不上网,他们到何处去》,载《南方周末》2013 年 6 月 28 日,评论版。

〔3〕唐要家:《行政性市场势力与图书纵向价格扭曲》,载《产业经济评论》2011 年第 3 期。

〔4〕于立:《谈纵向价格双轨制》,载《中国物价》1992 年第 8 期。

〔5〕于立、王建林:《纵向价格双轨制:“电荒”的经济学分析与出路》,载《中国工业经济》2008 年第 10 期。

〔6〕Oz. Shy, *Window Shopping*, Federal Reserve Bank of Boston, Working Paper, 2013.

〔7〕张杰、于立:《“跳单问题”中的搭便车行为与治理》,天津财经大学法律经济分析与政策评价中心 2013 年工作论文。

〔8〕于立、冯博:《中国经济改革与发展的“三小法宝”》,载《改革》2013 年第 1 期。

〔9〕F. Mathewson, and R. Winter, “The Law and Economics of Resale Price Maintenance”, *Review of Industrial Organization* 13, 1998, pp. 57 – 84.

〔10〕黄勇:《价格转售维持协议的执法分析路径探讨》,载《价格理论与实践》2012 年第 12 期。

〔11〕Richard A. Posner, *Antitrust Law: An Economic Perspective*, Chicago, University of Chicago Press, 1976.

〔12〕许光耀:《转售价格维持的反垄断法分析》,载《政法论丛》2011 年第 4 期。

〔13〕薛兆丰:《不要鲁莽干扰奶粉行业的市场机制》,载《经济观察报》2013 年 7 月 29 日,第 44 版。

〔14〕Lester G. Telser, "Why should Manufacturers Want Fair Trade?", *Journal of Law and Economics* 3, 1960, pp. 86 – 105.

第4章 “租少售多”跳单与租金结构[①]

有效率的租金结构可以完善合约，减少交易各方的交易成本。现有的研究表明，不考虑经营风险时，固定租约（固定租金结构）较有效率；而考虑经营风险时，分成租约（分成租金结构）较有效率。我们研究发现，分成租约容易引发跳单问题，这对被跳单方是一种跳单风险。因而需要改进现有的经济学结论，才能更好地解释现实，

---

① 原文发表于《财经问题研究》2017年第1期（总第398期）。原题为《跳单问题与租金结构》，作者为于立、王玥、徐洪海，责任编辑为刘艳。

项目资助：国家自然科学基金“跳单问题的B-T-C范式与应用”（71272190）。

原文关键词：跳单问题、租金结构、“租少售多”、跳单风险。

致谢：感谢卢昌崇、李平、王询、刘凤芹、王则柯、王玉霞、张凤林、杜两省和齐鹰飞等教授的讨论和意见。

并为交易各方建立更合理的租金结构。本章以“租少售多”的跳单问题为例，研究跳单行为与租金结构之间的相互作用关系，以期能够丰富现有的合约理论。本章的研究思路和结论也适用于研究经营风险和跳单风险并存的雇佣薪酬、土地租赁和中介合约等涉及委托—代理关系的其他合约问题。

一、租金理论与跳单问题

租金理论是合约理论的重要组成部分。由于信息不对称，在签约和履约过程中往往会出现逆向选择和道德风险问题，从而降低合约效率。其中，合理完备的租金结构设计是保证合约效率的前提。在一般的租约合同中，租金结构通常是指固定租金和分成租金的构成和分成率的高低，其各种变形或组合可称为广义的租金结构。从租金原理来看，单一固定租金分成率为0；而单一分成租金则是固定租金为0；两部分均不为0的便是混合租金结构。从产权角度来看，租赁合约与雇佣合约等涉及委托—代理关系的合约在本质上是相同的，都是在所有权不变的情况下出让经营权或使用权，最终也都是产权所有者获得租金或薪酬。[①] 重要的是，根据不同条件而选择不同的租金结构，即租约条款的不同设计对签约双方的行为将产生不同的影响

① 在雇佣合约中，薪酬结构（类似于租金结构）指基薪和绩效薪酬的构成及绩效分成率的高低。单一基薪制是绩效薪酬为0，单一绩效薪酬制则是基薪为0，常见的年薪制相当于混合薪酬结构。

并决定合约的效率。这个原则对微观个体和社会总体都是适用的。法学与经济学对合约的研究有所不同,前者偏重公平,后者注重效率,二者的交叉学科——法律经济学不仅研究微观效率,更关注社会效率,强调以有效率的方式实现公平。

现有的合约理论和广泛实践已经证明,在不考虑经营风险的情况下,一般来说固定租约更有效率。此时的固定租约简便易行,承租人积极性高,履约的监督成本低。我国改革开放初期普遍实行的土地承包责任制,便极有说服力。而在优先考虑经营风险的情况下,如果出租者和承租者都不愿独自承担经营风险,那么,分成租约会更有效率,关键在于选择合适的分成率。当然,现实中常见的情况多是混合租约,即双方约定一定的基础租金,再根据经营结果(如产量、产值、销售额或利润额)实行绩效分成,典型的如上市公司高管人员的年薪制。

上述三种租金情况经过科斯(Coase)、张立常(Cheung)、斯蒂格利茨(Stiglitz)、威廉姆森(Williamson)、哈特(Hart)和穆尔(Moore)等人的研究,理论体系已比较完备。但是,以上的租金结构理论都没有涉及跳单问题。现在的问题是,当不仅存在经营风险,同时也存在跳单风险时,租金结构会出现怎样的应对或调整。本章基于对“租少售多”跳单问题的研究,试图回答这个新的租金理论问题。

跳单现象或“试衣间”现象是广泛存在的,①但在最近才引起经济学者的关注。跳单一般是指在至少涉及三方主体的交易过程中,其中两方在利用第三方提供的相关信息或服务后,合谋跳过第三方完成交易的现象。第三方为另外两方的交易提供了方便,有付出却无收益,另外两方无偿地搭第三方的便车。跳单现象本质上具有“搭便车”和促进竞争的二重性,不能简单否定。比如,跳单与广义的纵向限制或维持转售价格还具有互克作用,反垄断执法机构必须慎重考虑这种互克作用,才能科学执法。②

租赁合约中的“租少售多”就是一种典型的跳单现象,在租赁式商场的平台型商业模式(包括大型购物中心、百货商场和家居商场等具体商业模式)中比较常见。具体而言,在租赁式商场中,商场提供店面和结算系统,租赁给经销商品的租户(包括直销厂商、经销商和代理商);租户通过经销商品营利,同时按租赁合约付给商场租金。在分成租金制下,租户有时会与顾客合谋,绕开商场的结算系统,私下以较低价格达成更多交易。虽然价格较低,但由于减少了租金支出,租户和顾客也都是有

① 狭义的“试衣间”现象,是指顾客到服装商场试穿、体验服装商品,然后在网上或其他渠道低价购买,商场成了有付出无收益的“试衣间”。但这只是广义跳单问题中的一种具体形式。

② 简单地讲,跳单具有促进竞争和产生“搭便车”问题的双重效应,而维持转售价格具有抑制竞争和克服“搭便车”问题的双重效应,二者正好相互克制。根据不同情况下(如渠道价差的大小、跳单程度的高低)二者互克的综合效果,可以判断维持转售价格是当然违法、当然合法或是合理推定。据此执法会更加清晰简便。

利可图的。[①] 简言之,通过跳单,租户就可以较少的租金(租用较小的店面)完成较大或较多的交易,即所谓“租少售多”跳单。[②] 据笔者调查,在一些商场中,即使商场采取了相应的监督措施(明察暗访必然伴随着可观的监督成本),租户通过跳单向商场隐瞒的销售额占总销售额的比重(跳单率)仍达到20%~40%,[③]这对任何商场来说都是头疼的事。

商场作为被跳单者,独自面临着因跳单问题带来的跳单风险。商场无法收取足额租金,租金收益被体外循环并耗散。商场除为完成交易提供场地外,还有如店面装潢、人员配备和物业管理等服务并为此付出成本,租户和顾客在利用这些服务时并未给予商场应有的足额成本补偿。同时,面对跳单问题和租金损失,商场的对策性反应往往是想方设法加强监督,再采取严厉的管理和惩罚措施,但这无疑会提高商场的监督管理成本。更为严重的是,商场在难以分辨租户“跳”或“不跳”的情况下,可能会普遍地提高租金。这样一来,本有跳单举动的租户可能会变本加厉,本无跳单举动的租户也可能因此“好人学坏”。这种恶性循环的后果是,租户与商场之间基于跳单而展开对策博弈,这也会进一步增加交易成本而降低租约效率。

---

① 租户为吸引并说服顾客与之联合跳单,会给予顾客价格优惠,只要让利的幅度低于租户租金成本的降低额,并为顾客所接受,跳单就可能发生。

② 这类跳单现象类似经济学中的寻租现象,是有道德风险的。

③ 具体计算公式:跳单率=(统计收银额-统一收银额)÷统计收银额。其中统一收银额指商场通过结算系统获知的租户销售额;统计收银额是商场估算租户真实的销售额。“统计收银额-统一收银额”就是指租户通过跳单向商场隐瞒的销售额。

本章的主要目的是通过讨论新发现的“租少售多”的跳单现象,探究引入跳单因素后原有的租金理论需要做哪些改进才能适应新的情况。期望本章的研究思路和结论也可扩展应用于研究经营风险和跳单风险并存的雇佣薪酬、土地租赁和中介合约等其他合约问题。

二、跳单对租金结构的影响——以购物中心为例

考虑到跳单风险,如何在权衡经营风险与跳单风险的基础上选择和调整租金结构就成为合约双方的共同关注点。为便于分析跳单与租金结构的相互影响,需要对租金结构的基本要素(或变量)及其要素组合形式进行设定。为此,设:总租金为 R,固定租金为 R_1,分成租金为 R_2,则有:

$$R = R_1 + R_2 \tag{4-1}$$

单位固定租金价格为 P,店面面积为 S,则有:

$$R_1 = P \times S \tag{4-2}$$

租户经营销售额[①]为 Q,商场租金分成率为 r(租户从经营销售额中扣除分成租金后获得的剩余收益率则为 1 - r),

① 销售额指标一般易于统计,经常作为分成租金的计提基础。利润等指标很少被采用,因其易受租户操控。在以销售额为计提基础时,分成率至多不能高于租户的销售利润率。现实中,商场通常使用租售比来权衡租金收取与租户盈亏之间的关系。租售比 = 租金额 ÷ 销售额,具体数值多在 1:5 左右。

则有：

$$R_2 = r \times Q \quad (4-3)$$

基于上文的分析，在固定租约下，租户定期向商场缴纳固定租金，合约双方便相安无事；而在分成租约下，商场需要知晓租户的销售额信息，并以此作为分成租金的计提基础。此时，如果租户通过与顾客私自交易，隐瞒或分散销售额，则会降低租金成本，从而使商场面临被跳单的风险。可见，跳单风险来自于分成租约而非固定租约。

根据现有的租金理论，在不考虑经营风险时，固定租约有效率；在考虑经营风险时，分成租约体现出优越性。这些结论在不存在跳单问题时是成立的。然而，考虑到跳单因素的存在，租金结构理论必须进行相应改进。根据我们对大型连锁购物中心的租金结构的调查，商场为经销交易双方（即租户和顾客）提供交易场地，从中收取租金，并通过租赁合约予以确定。大型购物中心[①]通常有三种租金结构模式并存，即固定租金结构（固定租约）、分成租金结构（分成租约）和混合租金结构（混合租约），且在同一商场中三种租约模式占比大体如下：70% 左右的租户与商场之间是固定租约，20% 左右的租户为

① 为分析方便，大型购物中心也简称商场，但要注意购物中心通常由文化、饮食、百货商场和专业商场组成，有的还有店中店的特点。我们这里重点关注的是有无跳单问题。

混合租约，10%左右的租户是分成租约。① 这三类租户分别与经销规模对应，一般分为大租户（业内称"主力租户"）、中租户（业内称"次主力租户"）和小租户（业内称"非主力租户"），简单归纳如表4-1所示。

表4-1　同一大型购物中心的租金结构与跳单风险

租户类型	经营风险	跳单风险	租金结构	现实比重
大租户	大	小	分成租金	10%
中租户	中	中	混合租金	20%
小租户	小	大	固定租金	70%

通过分析具体租约形式和租户主体特征，可以发现其中的一些规律：

第一，商场对小租户多采用固定租金结构（$R=R_1$）。商场获得的租金总额就是定期向租户收取的固定租金额，即 $R=R_1=P\times S$。单位固定租金价格 P 会根据租户的租赁位置（楼层、区域）和资质状况等不同情况而有所差异。

现实中，适用固定租金结构的租户主体多是小租户。道理很简单，一方面，这些小租户一般经营规模小、销售实力弱，对商场租金成本的承受能力差，若使用分成租金结构，则极易发生跳单行为，为商场带来跳单风险，还会提高监督成本；另一方

① 需要注意，这些比重指的是大、中、小租户个数分别占总租户数的比重，不是指销售额或租金收入的比重。若按销售额估算，大、中、小的排列顺序可能会相反。

面，它们在面对市场的诸多不确定性时，易于调整经营策略，即使是退出，给合约双方造成的损失也较小，因此，并无通过分成租金进行经营风险分担的必要。而且，小租户销售体量小，即使采用分成租金，于商场而言，这部分分成收益也无足轻重。

总之，小租户的经营风险小，但给商场带来的跳单风险大，这样也提高了交易成本。因此，谈判能力强的商场自然会优先选择不会为商场带来跳单问题的固定租金结构。而以“多、散、小”为特征的小租户谈判能力弱，多数情况下也只好被动接受固定租金结构。这也符合在一定条件下固定租约有效率的租金理论。

第二，商场对大租户多采用分成租金结构（$R = R_2$）。采用单一的分成租金结构时，租金总额为按期基于租户销售额计提的分成租金，即 $R = R_2 = r \times Q$。分成率 r 会根据不同租户主体的特征而有所差异。

适用分成租金结构的租户主体一般为大租户。大租户具有经营规模大、品牌声誉好、销售实力强、带动效应明显等特征。但与小租户相比，当受到外部不确定因素影响时，大租户经营收入的波动大，并对商场租金收入产生较大影响（也更有可能为商场带来可观的收益），因此，双方都倾向于通过分成租金的方式分担经营风险。大租户的租金成本在各项成本支出中占比较低，对租金成本承受能力强，加之声誉考虑，相比小租户一般较少以跳单方式逃避租金支出，因而跳单风险小。出于大租户经营风险大而跳单风险小的综合权衡，分成租金结构通常对双方都是较合适的合约形式，这也符合当经营风险较大时，交易双方多愿采用共担风险的分成租金结构。加之考虑到大租户跳单风险小的因素，更容易达成分成租金结构的合约。商场与大租户达成分成租约的另一个考虑是，大租户所拥有的谈判实力可以牵制和吸引名牌商家（形成范围经济和集聚经济），甚至商场会给予大租户较低分成率的优惠，在特殊时期（如商场开业期）还可能有短期的倒贴。这样，可能会使中小租户尤其是小租户处于不利地位，因为商场会将为吸引大租户而损失的租金部分地转移给小租户。但关键的是，由于采取的是固定租金结构，商场并不担心小租户通过跳单逃避相对较高的租金负担。当然，从《反垄断法》的角度看，商场也可能会有滥用市场支配地位的嫌疑。

第三，商场对中租户多采用混合租金结构（$R = R_1 + R_2$）。它是固定租金结构和分成租金结构二者的结合，即 $R = R_1 + R_2$。介于小租户和大租户之间的中租户，是这种租金结构的适用主体。显而易见，中租户的经营规模等各方面特征介于小租户和大租户之间，因此，它所面临的经营风险和给商场带来的跳单风险也介于小租户和大租户之间。如果没有租金结构的限制，小租户经营风险小而跳单风险大，大租户经营风险大而跳单风险小，中租户则同时具有一定程度的经营风险和跳单风险。这样，为了同时权衡两种风险，租金结构的选择就必须十分慎重，混合租金结构理所当然成为首选。

在混合租金结构的情况下，为了有效地分担经营风险，同时尽量降低跳单风险，商场与租户在优化租金结构时的主要途径是合理确定两个比率：一是固定租金与分成租金的比率，即 $a = R_1/R_2$；二是分成租金部分中，商场与租户的收益比率，即 $b = r/(1-r)$。据调查，在购物中心中，这两个比率一般取值是：a 多为 5∶5 或 6∶4，b 则在 0.01～0.1。一般来说，a 值越大，越有利于防止跳单问题的发生；b 值越大，租户跳单动力越强。根据式（4－2）和式（4－3），a 值主要取决于单位固定租金价格 P 和分成率 r，b 值直接取决于分成率 r。因此，在混合租金结构下，优化租金结构最终主要取决于 P 和 r。在其他条件既定时，提高 P 有利于降低跳单风险，但不利于分担经营风险，反之则相反；提高 r 不利于减少跳单风险，且经营风险会从租户向商场转移。当然，跳单与 P 和 r 的关系具体如何，还有待更深入的实证研究。

三、分成租金结构下的跳单问题——以百货商场为例

上文已经说明，在大、中、小租户共存的购物中心中，通常三种租金结构并存。固定租金结构下不存在跳单问题；分成租金结构下，租户出于逃避租金的目的会给商场带来跳单风险。因此，考虑跳单风险及其程度，双方需要重新商定选择固定租金结构、分成租金结构或混合租金结构。但我们在调查中发现，相当多的百货商场却似乎不符合上述规律。百货商场不同于经销商品品种相对集中的专业商场（如后面讨论的家居商

场,租金结构多为固定租金模式),也不同于大型购物中心。调查发现,无论是独立的百货商场,还是购物中心中的百货分区,通常不分租户大小,一律采取分成租金结构(业内称"联营扣点"),只是会根据租户的情况调整具体分成率的高低,这又如何解释?

近年来,百货商场(实体店)明显出现了大批萎缩或关闭或转型的现象。研究者或业内人士多将这种现象简单归因于网商的冲击。其实,我们提出并加以研究的跳单理论,可以对此给予更有说服力的解释。简单地说,实体商场受到的冲击至少有三种:一是"网选网购"的冲击。越来越多的顾客在购买日常用品时,直接在网上购买,享受不含店面成本的低价。这种冲击是互联网经济使然,属大势所趋。二是"店选网购"的冲击。对于某些需要试穿、试用或体验的商品,部分顾客先到商场体验、选择,再从网上低价购买,进行"一次跳单",商场充当了"试衣间",却无法得到店面费用的补偿。对于这种冲击,商场不能只是抱怨,更可行的策略是充分发挥其实体店面的消费氛围等方面的竞争优势。三是"租少售多"的冲击。商场不仅难以完全补偿店面成本,还面临"二次跳单"造成的租金损失。对于这种跳单,在加强监督防范的同时,商场主要应该从改进租金结构的角度进行应对。这也符合现实情况,部分百货商场被迫退出经营或适当选择网上网下一体化经营策略,另一部分百货商场则由分成租金结构转向固定租金或混合租金结构。

在表 4－2 中,"网选网购"和"店选店购"的购买模式不涉及跳单问题。“店选网购”和“租少售多”的模式则属于跳单问题。其中,“店选网购”的跳单问题必然会使商场难以补偿店面成本(包括商品介绍和功能展示等成本),对租户也有不利影响,此种跳单情况下,商场和租户都成了“试衣间”。我们对此曾经结合图书行业(特别是图书商场)的跳单问题进行了专题研究,发现一些经济规律,与租金结构直接相关的只有“租少售多”这种跳单行为。显然,在其他条件不变的情况下,这种跳单是由分成租金引发,也只能主要通过调整租金结构来解决。

表 4－2 百货商场面临的跳单影响与应对策略

购买模式	跳单影响	应对策略
“网选网购”	无跳单	大势所趋,只能顺应
“店选店购”	无跳单	优化商品种类,改进服务,吸引顾客
“店选网购”	跳单影响店面成本补偿	网上网下一体化
“租少售多”	跳单造成租金损失	分成租金结构调整为固定租金或混合租金结构

在现有的租金理论中,加入跳单因素后,租金结构就发生了改变,这一结论,可以更加充分地对百货商场的萎缩和出路给出清楚的解释和建议。

当初,百货商场普遍选择分成租金结构,可能有如下主要原因:一是互联网经济不明显,对百货商场(实体店)的冲击较小。二是认为租户一般分布集中、店面开放、商品单值低,商场易于对跳单行为进行监督,租户跳单难度较大,甚至得不偿失。

或者对商场而言,相对于“网选网购”和“店选网购”的冲击,偶尔的“租少售多”的跳单行为可以不必重视。三是本应对租户根据经营规模大小、品牌信誉优良等分类商定租金结构,却简单粗化地普遍采取分成租金结构,没有与时俱进。综上,在能够比较有效地防止跳单行为的发生并且网络冲击不够大的情况下,分成租金结构才得以实行。但伴随着市场环境的变化,尤其是网络购物的兴起,百货商场中的大部分顾客转移到网商。这时,对于标准化程度较高或者中低档商品,顾客会直接通过网商购买,这种“网选网购”给百货商场带来了最直接的冲击。对于需要试用、体验的商品,部分顾客会先在百货商场选择,再通过网商购买,这种“店选网购”给百货商场带来了间接冲击。

在双重冲击下,商场和租户都是“受害者”,二者利益本应保持一致联合对外,但是,租户的经营收益因双重冲击而无法得到保障,即使被商场发现跳单的可能性较大,它也会想方设法地通过“租少售多”的跳单来降低租金成本,从而保有利润。或者说,租户有时就算因跳单被商场惩罚,也抵不过因跳单而节约租金成本所带来的诱惑。这时的跳单多发生在商品单值较高、购买频次较少的中、高档商品中,因为顾客通过网商购买还是存在一定风险的。随着网络购物的进一步发展,百货商场内部的“租少售多”的跳单问题将会日益严重。对相当多的百货商场而言,“租少售多”的跳单不一定会有致命冲击,却可能是“压死骆驼的最后一根稻草”。

大致来说，较多百货商场的分成租金结构基本走到了尽头。[①] “租少售多”的跳单从无到有，从少到多，甚至屡禁不止，促成了百货商场自 2010 年开始纷纷向购物中心的商业模式转型，与之伴随的则是分成租金结构的退位与固定租金结构和混合租金结构的回升，如今这种趋势更加明显。另外，依据笔者的推论和判断，受跳单问题的影响，未来不仅会有越来越多的百货商场向购物中心商业模式转型（采用多样化的租金结构），购物中心内部的百货分区也会不断地细化完善租金结构，而不是只采取单一的分成租金结构。

这里需要密切关注的一点是，与分成租金相伴的跳单问题虽然不是中国经济环境特有的，但我们的情况比发达市场经济体更为严重，这也与整个社会的诚信度有关。总体来看，我们所处的现有商业环境造成了交易成本过高，效率偏低。另外，有些情况下的跳单虽有“搭便车”之嫌，但同时也有打破垄断、促进竞争的作用。但据我们观察，在租赁领域，“租少售多”的跳单的积极作用比较有限，消极作用更为明显。

---

① 当然，并非全部的百货商场都经营惨淡。一些高端定位的百货商场虽然也以分成租金结构为主，但并未受到外界环境的较大冲击。因其定位高端，商场中的租户多经营奢侈品牌，即为大租户。一方面，大租户不易有跳单行为；另一方面，奢侈商品较难通过网商购买。这也符合上文得出的基本结论。

四、混合租金结构下的跳单问题——以家居商场为例

上述的租金结构新论表明，对大型购物中心而言，混合租金结构的适用主体主要是中租户。但我们在调研中发现，似乎也有明显的例外。比如，在大型家居商场中，不分租户大小，全部采用混合租金结构。[①] 根据我们的研究，这主要是在权衡经营风险和跳单风险后对租金结构的细化变形。

家居行业存在两类商场，分别实行特殊的准混合租金结构：一类采用Ⅰ类准混合租金结构，实行固定租金＋现金流占用的租金结构形式，表面上看像混合租金结构，实质上更接近固定租金结构，因为现金流占用周期一般很短，只有3～7天，或者说租金分成率极低。另一类采用Ⅱ类准混合租金结构，以起征点方式划分出固定租金和分成租金部分，即销售额未达到起征点额度时只收取固定租金，超出起征点额度后开始收取分成租金。[②] 根据调查，采用Ⅰ类准混合租金结构的商场因为更接近固定租金结构，跳单现象极为少见；而采用Ⅱ类准混

① 其他小型家居商场以小租户为主，一般仍然采用固定租金结构，显然符合我们的结论。

② 这类租金结构很有特色。例如，假定起征点为每月10万元销售额，分成率r为1%。那么这就意味着：(1)当某租户的月实际销售额≤10万元时，该租户需交给商场的月租金总额＝固定租金＋1%×10万，即$R = R' = R_1 + 1000$元。(2)当某租户的月实际销售额＞10万元时，该租户需交给商场的月租金总额＝固定租金＋1%×实际销售额，即$R = R_1 + 1\% \times Q$。

合租金结构的商场,由于租金分成容易出现跳单风险。

尽管Ⅱ类准混合租金结构下的跳单相对突出,但实践中却被视为一种比较有效率的租金结构安排。而且,实行Ⅱ类准混合租金结构的商场也有向Ⅱ类准混合租金结构转型的趋势,而不是转为固定租金结构。其中微妙何在?主要就在于起征点的设计巧妙地区分出了大小两类租户。

起征点的特点之一是可以有效地改进单一租金结构的不足。基于起征点可以区分出不同租金结构:若起征点较高(极端情况下,通过提高 P 使 $a = R_1/R_2 \approx \infty$),则趋向于单一固定租金结构;若起征点较低(极端情况下,通过降低 P 使 $a = R_1/R_2 \approx 0$),则趋向于单一分成租金结构;介于二者之间(通过调节 P 使 $0 < a = R_1/R_2 < \infty$)存在广泛的组合空间,更符合混合租金结构的特点。将家居商场中的采用Ⅰ类租约的商场和采用Ⅱ类租约的商场进行比较,就可以明显看出,前者的单位固定租金价格 P 大大高于后者,前者明显缺少竞争优势。从表面上看,采用Ⅱ类租约的商场较低的单位固定租金价格 P 会有租金收益损失,但实际上通过调整分成率 r 又能够得到相应补偿。现实调查情况也表明,同等条件下采用Ⅱ类租约的商场总体租金收益并不低于甚至要高于采用Ⅰ类租约的商场。

起征点的特点之二是相对于Ⅰ类准混合租金结构,Ⅱ类准混合租金结构通过设计起征点,以此区分出大小两类租户,并相应采用实质不同的租金结构。[1] 较小租户的销售额小,一般不会达到起征点,实为固定租约;较大租户的销售额大,一般会超出起征点,表面是适用混合租约,实则趋近于分成租约,当销售额超出起征点很多时,租户交付的主要是分成租金,固定租金部分会相对很小。显然,Ⅱ类准混合租金结构的机制设计和租约安排完全符合本章的基本结论。因此,与Ⅰ类准混合租金结构比较,Ⅱ类准混合租金结构更为细化有效,既充分发挥固定租金和分成租金在降低跳单风险和经营风险方面的作用,又弥补了单一固定租金和单一分成租金在协调处理这两类风险方面的劣势与不足。

至此,结论已经基本清晰。当存在跳单问题时,选择不同租金结构的两类家居商场表现出明显的竞争优势差异。比较成功的家居商场并没有转向选择固定租金结构,而是选择改进混合租金结构,特别是完善Ⅱ类准混合租金结构,而且Ⅰ类准混合租金结构还有向Ⅱ类准混合租金结构转型的趋势。当商场之间进行竞争时,Ⅱ类准混合租金结构较低的P和起征点对于租户而言是极有吸引力的,因为这不仅意味着进入门槛低,承担的经营风险小,而且从分成租金中还可能获得跳单收益。对商场而言,跳单可以作为商场之间相互竞争的策略性工具,

---

① 目前实际采用的起征点只有一个临界点,因此,只可以区分出大小两类租户,即“两分法”,实质上相当于将原来意义上的中租户一分为二,再分成相对的大、小两类租户。如果再增加一个临界点,就可以区分大、中、小三类租户。如此,就与本章提到的“三分法”相对应。从理论上说,可以根据需要多设几个临界点(甚至具体到每个租户,当然,需要权衡成本因素),实行“多分法”,但仍然可以按大类分成三组,道理相通。

通过容忍一定程度的跳单来吸引更多租户。从这个角度讲，跳单客观上还具有促进竞争和优化租金结构的作用，可以促使商场不断调整租金结构，彼此展开竞争。

五、结束语

综合本章研究，有以下三方面总结、启示与展望：

第一，在出现技术革命和商业模式变革的新时期，企业或商家需要将这种发展变化区分出不可控趋势和可控因素。对不可控的大趋势只能适应，而对自己可以掌控的因素则要主动应对。比如，对“网选网购”的大势只能适应，如能创新商业模式，引领潮流当然最好。但在更多的情况下，还需要专注于可控因素，合理选择、调整、优化租金结构，否则就只能被迫退出。

第二，有关租金合约的经济学理论需要不断更新。现有的租金结构理论表明，当不考虑经营风险因素时，固定租金有效率；当重点考虑经营风险时，分成租金有效率。新租金结构理论则表明，引入跳单风险后，一般情况下，混合租金结构更有效率。当然，混合租金结构也可以灵活多变，因地制宜，实践中可以尝试各种有效的准混合租金结构。具体来说，就是调整和优化核心变量，即单位固定租金价格 P 与分成率 r。

第三，跳单行为具有“搭便车”和促进竞争的二重性。从法律经济学角度看，一般情况下，不能简单地判定具体跳单行为的法律属性，更多地应采取合理推定的原则。从制度优化角度来看，更好的思路是完善租金结构的激励性合约机制，促使签约各方有动力自觉遵守合约，减少恶意跳单行为，同时也可避免不必要的监督成本，从而提高交易效率。

本章参考文献

〔1〕[美]科斯、哈特、斯蒂格利茨等著，[瑞典]拉斯・沃因、汉斯・韦坎德编：《契约经济学》，李风圣主译，经济科学出版社 2003 年版。

〔2〕R. H. Coase, "The Nature of the Firm", *Economica* 4 (16), 1937, pp. 386 – 405.

〔3〕S. Cheung, *The Theory of Share Tenancy*, Chicago, The University of Chicago, 1969.

〔4〕J. Stiglitz, "Incentives and Risk Sharing in Sharecropping", *Review of Economic Studies* 41(2), 1974, pp. 219 – 255.

〔5〕O. Williamson, "The Economics of Organization: The Transaction Cost Approach", *The American Journal of Sociology* 87(3), 1981, pp. 548 – 577.

〔6〕O. Hart, and J. Moore, "Incomplete Contracts and Renegotiation", *Econometrica* 56(4), 1988, pp. 755 – 785.

〔7〕于立、冯博：《最高人民法院首个指导性案例的法律经济学分析——"跳单案"案例研究》，载《财经问题研究》2012 年第 9 期。

〔8〕于立、徐洪海、冯博：《"店选网购"跳单问题的竞争关系分析——以图书行业为例》，载《中国工业经济》2013 年第 9 期。

〔9〕于立、冯博、徐志伟：《跳单与 RPM 互克理论及其政策涵义》，载《价格理论与实践》2014 年第 3 期。

第5章 “纵向协议”违约与法律适用[①]

近年来,我国反垄断执法部门逐渐加强对维持转售价格案件的调查和执法力度,先后查处了“茅台五粮液案”“进口奶粉案”等。上海市高级人民法院还宣判了首例维持转售价格民事案件——“锐邦诉强生案”。这些案件在“维持转售价格认定”“举证责任承担”“专家证词效力”等法律问题上具有一定的示范性作用,但是对维持

① 原文发表于《中国物价》2014年第1期(总第297期),原题为《维持转售价格法律适用问题中的“定性”与“定量”——“锐邦诉强生案”的法律经济学分析》,作者为于立、冯博,责任编辑为田小秋。

项目资助:国家自然科学基金“跳单问题的B-T-C范式与应用”(71272190)。

原文关键词:维持转售价格、适用法律选择、反垄断执法、垄断损害。

转售价格的“定性”(“违约性”、“违法性”和“合理性”)和处罚的“定量”上还有些概念混淆和处罚不准的问题。本章通过对“锐邦诉强生案”及相关案件的法律经济学分析,对维持转售价格行为的“适用法律选择”进行“定性”和“定量”研究,明确概念,厘清思路,为未来类似纵向垄断案件的执法及司法提供借鉴。

一、引言

维持转售价格是容易引发争议的一种企业经营策略,也是法律经济学特别是反垄断经济学中的一个重要议题。一般来说,维持转售价格是指上游供应商通过签订纵向协议对下游经销商的转售价格进行限定,在酒类、药品、医疗器材、汽车、化妆品和图书等行业尤为常见。但在过去,我国鲜有企业能自觉意识到这可能是一种违法行为,甚至有的行业协会还试图推动立法支持图书企业的维持转售价格行为。

近年来,我国反垄断执法机构和司法机关逐渐加强了对维持转售价格行为的审查力度,但仍存在不少盲点有待研究,比如在“锐邦诉强生案”[①]的司法判决中,就存在以下三个问题:

---

① 2013年8月1日,即《反垄断法》实施五周年纪念日,上海市高级人民法院对全国第一起纵向垄断协议案件(“锐邦诉强生案”)作出终审判决。此案是我国第一起二审法院撤销一审判决并判决原告胜诉的反垄断民事案件。案件详见上海市高级人民法院民事判决书(2012)沪高民三(知)终字第63号。

(1)在“定性”上,本案原告(北京锐邦涌和科贸有限公司,以下简称锐邦公司)“违约不违法”,被告[强生(上海)医疗器材有限公司与强生(中国)医疗器材有限公司,以下简称强生公司]“违法不违约”,这是否有悖于“违约即违法”的一般法理?(2)本案虽以《反垄断法》“定性”,但是最终仍然以民法的“补偿”原则来判定赔偿金额,即“定量”,在法律适用上不配套,是否应当质疑其合法性和合理性?(3)我国的反垄断执法本以行政执法为主,如果本案由国家发展和改革委员会价格监督检查与反垄断局行政执法,该机构无法介入民事案件(合同法范畴),又会如何处理?这三个问题统称为维持转售价格案件的法律适用问题,实质上包括根据何法定性、按照何法惩罚和由谁执法三个具体方面。

上述情况在以往相关案件的执法及司法中也经常发生。通常认为,“适用法律选择”和“合法性判断”是单纯的“定性”问题,“赔偿数额确定”是单纯的“定量”问题,结果经常出现“定性与定量”分离、“法学研究与经济分析”脱节和“公平与效率”目标相悖的现象。本章运用法律经济学理论对维持转售价格及相关案件的“适用法律选择”问题进行“定性”和“定量”研究,进而解决“合法性判断”、“赔偿数额确定”和“执法机构协调”三个连带问题,为今后的维持转售价格反垄断案件执法和司法厘清思路,明确“组合关系”。这种组合关系可以简化为如同表 5－1 的“344”框架,在上述案件中,法院判决强生公司属于“1－3－2”的组合关系,而不是强生公司抗辩的“2－4－2”。这里的问题是,法院是否能更为合理地判决强生公司“1－3－1”,

而锐邦公司“2－1－4”呢?

表5－1 “三位一体”组合关系

法律选择	定性判断	定量处罚
1.《反垄断法》	1. 均不违反	1. 数倍罚款
2.《合同法》	2. 违反两法	2. 补偿罚款
3. 适用两法	3. 违一合二	3. 两者兼顾
	4. 违二合一	4. 不予处罚

注:“违一合二”是指违反《反垄断法》,符合《合同法》;“违二合一”是指违反《合同法》,符合《反垄断法》。

明确维持转售价格行为应该适用的法律是合法性判断、赔偿数额确定和执法机构协调的依据和基础。一般认为,维持转售价格适用法律的选择就是一个认定其法律属性或“定性”问题,不涉及量化的经济计算与分析,这是一种“重定性、轻定量”的片面思维。应该明确,单纯运用一般法理有时并不一定能科学地认定应适用的法律。[①] 根据法律经济学的基础——法理经济学的原理,不仅在确定赔偿数额时要准确“定量”,在确定法律适用时,有时也需要“先定量再定性”或“根据定量来定性”。“定性”和“定量”之间既可替代,也可互补,如果“定性”是个临界点选择,那么“定量”则成为关键。

① 我们在努力创建“法理经济学”新学科的过程中,总结出“两线三区四分法”的法理经济学研究方法,可以方便地讨论此类问题。

二、从一般法理规则看维持转售价格的法律适用

维持转售价格行为的实施手段是“纵向协议”（包括显性协议和隐性协议），实施内容是“限制价格”（包括价格上限、价格下限或限定零售价格），实施目的是“纵向垄断”（主要包括操控价格和排挤竞争对手）。因此，维持转售价格的行为可能同时涉及《反垄断法》（因为纵向限制涉嫌垄断）和《合同法》（因为书面协议即为合同），[①]这两部法律在相关案件中的竞合交叉关系最为普遍和明显，这也是维持转售价格案件的一个重要特点。例如，在“锐邦诉强生案”中，原告和被告双方起初就因法律适用问题争执不下，法院最终确认该案适用《反垄断法》而非《合同法》。我们赞同这种选择，但认为仍有一些界限含混不清的遗憾。根据一般法理，如果两部法律出现适用冲突，可遵循“上位法优于下位法”、“特殊法优于一般法”和“新法优于旧法”三原则选择适用法律。

第一，《合同法》的立法机构是全国人民代表大会，《反垄断法》的立法机构是全国人民代表大会常务委员会。“全国人民代表大会”和“全国人民代表大会常务委员会”是不是“同一

① 在我国目前的情况下，还可能涉及《反不正当竞争法》和《价格法》。从长期来看，《反不正当竞争法》和《价格法》这两部法律与《反垄断法》有重复的内容，可统一并入《反垄断法》。同时，《价格法》应该予以废止，而《反不正当竞争法》专司有关不公平、欺骗或欺诈行为的执法。

机关”,是否存在上位和下位的关系?从现行的《宪法》和《立法法》来看,全国人民代表大会常务委员会是全国人民代表大会的常设机构,并没有明确表示两者是“同一机关”,也未明确两者有上位与下位的关系。因此,难以通过“上位法优于下位法”的原则来判断应适用哪部法律。

第二,《合同法》只是笼统地规定了一般合同或协议的效力,并没有明确规定维持转售价格协议的特殊效力问题。《反垄断法》在第14条中虽然规定了禁止固定向第三人转售商品的价格,但是也并未明确“固定向第三人转售商品的价格”就是维持转售价格协议。因此,援引“特殊法优于一般法”的原则来优先适用《反垄断法》,似乎有些道理,但也显得有点牵强。

第三,《合同法》是1999年开始施行的,《反垄断法》则是在2007年才颁布,明显《反垄断法》是新法。但是“新法优于旧法”的原则只适用于同一机关颁布的法律,对于《合同法》的立法机关——“全国人民代表大会”和《反垄断法》的立法机关——“全国人民代表大会常务委员会”是不是同一机关还不确定,援引“新法优于旧法”来判断法律适用问题似乎仍略有不足。

综上所述,通过比较一般法律冲突时的法律适用三原则,加之《反垄断法》还素有“市场经济宪法”之称,结论愈加倾向于适用《反垄断法》。但就本案来说,至此的法理评述还不足以消除疑虑,还需要更多的其他具体理由。

三、从《合同法》和《反垄断法》的特征看维持转售价格的法律适用

要判断维持转售价格案件是适用《合同法》还是《反垄断法》，需要对两者的特征进行比较（见表 5－2）。

表 5－2　《合同法》与《反垄断法》的特征比较

项　目	《合同法》	《反垄断法》
起诉方式	为被动执法，即“民不举，法不究”	多为主动介入，也可接受举报，总之“民不举，官也究”
起诉动机	较强，无明显的“搭便车”问题	较弱，多有“搭便车”问题
影响范围	只限当事人，多为特定利益主体	影响多而广，多为非特定利益主体
执法成本	执法成本低：易举证、易调查	执法成本高：难举证、难调查
惩罚原则	补偿原则	震慑原则
执法目的	保证交易行为，维护个人利益	促进市场竞争，维护社会利益
实施机构	均为司法机关	行政机构和司法机关

通过对《合同法》与《反垄断法》的特征比较可以看出，二者除了分属不同法律部门（民法和经济法）[①]——“质”的差别之外，还存在很多“量”的差别，如起诉动机强弱、影响范围宽窄、执法成本高低、举证难度大小、增进福利多少等。

第一，根据经济学的效率原理，适用《反垄断法》通常更符合经济效率准则。《合同法》的执法特点主要是规范所涉及的个体（个人或企业）的市场交易行为，具有“一事一议”的零散特点，影响范围直接涉及当事双方的利益，同时间接地影响社会意义上的市场经济秩序。与其不同，《反垄断法》的执法特点是，行政执法机构和司法机关遵循“民不举官（法）也究”和“有民举官（法）更究”的原则，主动性较强。原因在于，在市场经济中，公平而有效率的市场竞争环境是宝贵的“共用品”[②]（正外部性大），反垄断执法机构有责任为公益目的，主动出击。对于维持转售价格案件来说，很多情况下利益受害者不明确，而且较为分散，单个受害者的损失数额较小，因而诉讼动机和动力不高，即存在经济学中的“搭便车”问题。另外，众多受害者也难以协调组织，诉讼成本过高，反垄断执法机构主动介入就

---

① 笔者认为，我国现行的经济法与民法的分类并不科学，民商法中多有经济因素，完全可以按国际惯例，重新分类。类似的还有“经济效益”和“社会效益”的区分，准确的说法应是“个体效益”（如企业效益）与“社会效益”的规范划分。因为“经济效益”既可是“个体”的，也可是“社会”的；“社会效益”（非经济效益，如文化、政治等）同样既可是“个体”的，也可是“社会”的。

② “共用品”比“公共物品”等名词更为准确，因有的并不是“物品”（如制度、环境），也不强调“公有”，只是强调“共用”，与其对应的是“私用品”。严格意义上的“共用品”要满足“非排他性”和“非竞争性”两个条件。

显得更为重要。再有,反垄断立案的比例远远小于合同纠纷立案,但一旦立案其重要性就大大高于合同纠纷案件。因此,对于大多数的维持转售价格案件,应优先考虑适用《反垄断法》。

第二,根据社会福利分析原理,通常适用《反垄断法》更为公平公正。《反垄断法》更多重视的是社会整体福利,包括间接的和长远的社会利益,而《合同法》更多维护的是当事人个体利益。如果确认维持转售价格行为的垄断性质,那么它不仅侵害个别企业的利益,还会造成社会福利的净损失。《合同法》等民法规范虽然能对受害者进行利益补偿,但通常不涉及社会福利损失的问题。通过对纵向垄断的限制和规避,促进市场竞争,从而保证公平正义,增进社会福利往往比处理个体合同纠纷更重要。因此,在具体案件同时涉及《反垄断法》和《合同法》时,应优先考虑适用《反垄断法》。当然,优先考虑不是说不应重视对个体利益的保护,甚至在必要的情况下,在争取获取更大的社会总福利的同时,还应采用法律经济学中的“卡尔多—希克斯补偿原则”,从总福利中转移支付部分利益对受害者进行适当补偿。

根据上述两部法律特征的比较,结论更倾向于优先适用《反垄断法》。这也可以成为今后维持转售价格案件的执法原则,即当《反垄断法》和《合同法》出现矛盾时,应优先考虑适用《反垄断法》。从这一点上看,“锐邦诉强生案”选用《反垄断法》是符合法理经济学和法律经济学原理的。

四、从民事损害和垄断损害看维持转售价格的法律适用

"锐邦诉强生案"中还有一个重要的问题值得研究，即判决中明确表示本案适用《反垄断法》，并裁决强生公司的维持转售价格行为违反《反垄断法》，但是在裁定赔偿数额时，确定标准不但未体现反垄断赔偿的惩罚性，反而比《合同法》的补偿标准还要低。《合同法》的赔偿标准一般是因违约产生的直接损失和间接损失，但是在"锐邦诉强生案"的判决中，强生公司只需赔偿锐邦公司直接损失的一部分。这种按《反垄断法》"定性"，却按民法的补偿原则"定量"处罚的做法，不仅违背《反垄断法》的"惩罚性"赔偿原则，也有悖于《反垄断法》"定性＋定量"的一贯规则。这也许是由于《反垄断法》没有明确赋予法院反垄断执法的权责，因而法院采取了折中的处罚办法，即按《反垄断法》"定性"，却按民法"定量"。在我们看来，虽然可以理解法院这种做法的苦衷，但这又会引发反垄断司法与行政执法机构如何协调的新问题。这里从民事损害和反垄断损害的差异比较角度，略加分析。

在维持转售价格案件中，侵害者对受害者的损害可分为两部分，即民事损害和垄断损害。前者是指根据《合同法》的规定，只限于受害人遭受的财产和人身损害；后者是指根据《反垄断法》的规定，某个垄断行为产生的反竞争效果，多数情况下不限于个体当事人。两者在适用法律、损害对象、赔偿原则和赔

偿数额方面存在很大区别,见表 5 - 3。根据最高人民法院《关于审理因垄断行为引发的民事纠纷案件应用法律若干问题的规定》第 14 条第 1 款的规定,被告实施垄断行为,给原告造成损失的,根据原告的诉讼请求和查明的事实,人民法院可以依法判令被告承担停止侵害、赔偿损失等民事责任。可能是由于这个原因,该案的司法判决将民事损害和垄断损害相混淆,以民事损害代替垄断损害,这既有经验上的原因,也有法律上的原因。这种忽视垄断损害与民事损害差异的行为,造成了我国反垄断损害赔偿数额过低、单倍的损害赔偿标准与《反垄断法》惩罚性的立法初衷相悖的严重问题。因此,应在《反垄断法》中增加“垄断损害赔偿”制度,并树立“民事损害—适用《民法》—单倍赔偿;垄断损害—适用《反垄断法》—数倍赔偿”的执法与司法原则。

表 5 - 3　民事损害与垄断损害的差异

项　目	民事损害	垄断损害
适用法律	《合同法》	《反垄断法》
损害对象	特定主体的个人利益	非特定主体的社会利益
赔偿原则	补偿原则	惩罚原则
赔偿数额	单倍罚款	数倍罚款

在这方面,美国的“ARCO 诉美国石油案”可以提供法律借鉴。1911 年,美国“标准石油公司案”确定了“本身违法”原则和“三倍赔偿”标准,从而确立了“维持转售价格行为—本身违法—三倍赔偿”的反垄断司法模式。但 1990 年的“ARCO 诉美

国石油案”又打破了这个模式,变为“维持转售价格行为—本身违法—垄断损害—三倍赔偿”模式。也就是说,即便某个维持转售价格行为是违法的,但如果没有造成垄断侵害,就不能主张“三倍赔偿”。ARCO 案司法判决的启示有:第一,在对维持转售价格行为的执法和司法中,某个行为违法,并不一定总是实施多倍赔偿,关键要看是否造成垄断损害;第二,严格区别民事损害和垄断损害,民事损害适用《合同法》,遵循补偿性原则,垄断损害适用《反垄断法》,遵循惩罚性原则。

对于“锐邦诉强生案”来说,从法院最终判决来看,实际上并未考虑垄断损害问题,甚至单倍罚款都没能做到,这不能不说是该案判决的一个严重漏洞。如果认为不存在垄断损害,或垄断损害较轻,可以不实施数倍罚款,只进行民事赔偿,但应明确给予说明;反之,如果不能否定垄断损害,则须考虑民事损害和垄断损害同时赔偿,而且垄断损害还应考虑数倍罚款,加大惩罚力度。在未来,反垄断惩罚有的还要涉及刑事处罚,尽管目前我国尚无反垄断刑事处罚案例。此外,数倍罚款的思路如何与现行的按上一年销售额的 1% 以上 10% 以下的惩罚条款取得一致,还需要深入研究。

五、从“违约性”和“违法性”统一看维持转售价格的法律适用

在“锐邦诉强生案”的判决中，是否违约和是否违法是存在矛盾的，这是该案处理中的另一重要问题。即按《合同法》，原告锐邦公司有违约行为，当然也属违法行为，而被告强生公司既不违约，又不违法；但按《反垄断法》，原告锐邦公司虽然违约，却不违法，而被告强生公司虽没违约，却属违法。既然法院已经确认了该维持转售价格案件应该适用《反垄断法》，那么未解的问题是，对抗企业维持转售价格策略的行为是否违约，如果违约是否也意味着违法呢？见表 5－4。

表 5－4　维持转售价格的违法性和违约性分析

<table>
<tr><td colspan="2" rowspan="2"></td><td colspan="2">违法性（《反垄断法》）</td></tr>
<tr><td>是</td><td>否</td></tr>
<tr><td rowspan="2">违约性（《合同法》）</td><td>是</td><td>违法、违约</td><td>不违法、违约（锐邦公司）</td></tr>
<tr><td>否</td><td>违法、不违约（强生公司）</td><td>不违法、不违约</td></tr>
</table>

在普通民众甚至某些法律人士的法学理念中，一般都认为某项行为“违约即是违法”，但是这种理念是一种错误的习惯思维，是对相关法理简单而又片面的解读。根据法律经济学的分

析,违约不一定就等于违法。主要理由有二:第一,对《合同法》而言,根据“最优违约”理论,签约后当事一方如果发现继续履行合同的损失大大超过违约的赔偿成本,理性的签约方就会选择违约,同时按约定赔偿对方。这是符合市场经济规律的普遍性交易原则,法律对此不应强加限制。不仅如此,如果继续无条件地履约会减少社会净福利,法律对其也不应鼓励。第二,从《反垄断法》角度看,对于特定的维持转售价格案件来说,上游企业运用限制竞争的维持转售价格行为对下游企业进行价格限制,理性的下游企业采用某些违约的方式来对抗,这种“对抗性违约”有可能是促进竞争的正当行为。再根据我们总结出的“跳单与维持转售价格互克理论”,在有关企业的维持转售价格行为产生排斥、限制竞争效果的条件下,受害方采取违约“跳单”方式趋利避害,有时可能是类似于反垄断意义的自发调整,有“歪打正着”之效,反垄断执法机构和司法机关对此应顺其自然,静观其变。

因此,对于“锐邦诉强生案”来说,根据《反垄断法》判定强生公司行为的“违法性”是正确的,但不必根据《合同法》否认锐邦公司行为的“违约性”。这里的关键问题是,如果不考虑反垄断因素,只考虑合同问题,那么锐邦公司的行为则既违约又违法,而强生公司既守约又守法;但如果优先适用《反垄断法》,锐邦公司则只违约不违法,而强生公司虽守约却违法。可见不同思路的差异之大,详见表 5 - 1。

六、结论

第一，现实经济活动中，如果涉及《反垄断法》与《合同法》交叉的维持转售价格或类似案件，一般应优先考虑适用《反垄断法》。两部法律的主要特征决定了我们难以从简单的“上位法优于下位法”、“特殊法优于一般法”和“新法优于旧法”三个原则找出理由，这一点过去并不明确，但对有关方面今后的执法和司法至关重要。由于《反垄断法》的特征和地位，国家发展和改革委员会价格监督检查与反垄断局应主动担负起更大的责任。

第二，在我国反垄断执法和司法过程中，行政执法机构和司法机构如何协调，还有许多重要问题需要研究。如果行政执法机构只有反垄断的处罚权，法院只有民事处罚权，则在《反垄断法》和《合同法》交叉时就不可能实现完整正确的法律目标，这是我国反垄断法治建设过程中的一个重要而又急迫的任务。

第三，一般情况下，民事损害可适用单倍赔偿原则，垄断损害则应适用数倍赔偿原则。但在具体案件同时涉及《合同法》（民法）和《反垄断法》（经济法）时，如果某项行为既有民事损害，又有垄断损害，则在处罚判决中应适用“民事赔偿 + 垄断赔偿”原则。这是避免“鼓励性惩罚”，实现“惩罚性赔偿”的基本要求。

第四,在反垄断案件涉及合同纠纷时,必须考虑"违约性"与"违法性"是否一致。有时,《合同法》意义上的"违约"不仅并不损害当事双方的利益,甚至可能会增进社会净福利,此时,法律不仅不应阻止,反而更应鼓励,这是法律经济学的重要结论。

本章参考文献

〔1〕黄勇:《价格转售维持协议的执法分析路径探讨》,载《价格理论与实践》2012 年第 12 期。

〔2〕许光耀:《转售价格维持的反垄断法分析》,载《政法论丛》2011 年第 4 期。

〔3〕于立、徐洪海、冯博:《"店选网购"跳单问题的竞争关系分析——以图书行业为例》,载《中国工业经济》2013 年第 9 期。

〔4〕于立、冯博:《最高人民法院首个指导性案例的法律经济学分析——"跳单案"案例研究》,载《财经问题研究》2012 年第 9 期。

第6章　跳单行为与互克理论①

维持转售价格对市场竞争既有正效应,也有负效应,这种二重性及由此产生的举证困难问题,经常成为反价格垄断执法实践中极富争议的难题。我们研究发现,现实中普遍存在的跳单现象与维持转售价格具有互克作用。本章系统地提出跳单与维持转售价格互克理论,并分析其对反纵向价格垄断的政策含义,为反纵向价格垄断执法提供简易执法的原则与方法。这样

---

① 原文发表于《价格理论与实践》2014年第3期(总第357期)。原题为《跳单与RPM互克理论及其政策涵义》,作者为于立、冯博、徐志伟。

项目资助:国家自然科学基金"跳单问题的B-T-C范式与应用"(71272190)。

原文关键词:互克理论、维持转售价格、跳单行为、渠道价差、价格垄断。

既可减少现有执法中可能的“多此一举”,更可避免因执法难题而造成的“错上加错”。

一、维持转售价格、跳单与渠道价差

(一) 维持转售价格的二重性及执法难题

价格垄断又称为垄断协议,是指排除、限制竞争的协议、决定或者其他协同行为,通常分为横向协议和纵向协议两大类。《反垄断法》第二章(第 13 条至第 16 条)专门针对垄断协议作出了规定,其中第 13 条和第 14 条分别针对横向协议和纵向协议。在司法实践中,纵向协议通常被称为维持转售价格,是纵向限制行为的一种。纵向限制可分为品牌内限制和品牌间限制两大类。品牌内限制主要指维持转售价格,品牌间限制包括搭售和排他交易等。

《反垄断法》第 14 条规定了三种情况:(1)固定向第三人转售商品的价格;(2)限定向第三人转售商品的最低价格;(3)国务院反垄断执法机构认定的其他垄断协议。但从现实角度看,维持转售价格表现形式主要有三类:第一类是限定最低价格和固定价格(即前两种情况),目的是长期维持较高价格,这是最常见的两种现象;第二类是限定最高价格,目的是短期维持较低价格,其实质是《反不正当竞争法》所规定的驱除对手定价(或称掠夺性定价),这一条在《反垄断法》中并没有明确规定；第三类是在不同销售区域限定不同价格，其实质是价格歧视。本章所说的维持转售价格一般是指《反垄断法》第 14 条明确规定的固定价格[①]和限定最低价格。

维持转售价格具有限制纵向价格竞争的负效应，但又有促进非价格竞争的正效应（如防止“搭便车”行为），即维持转售价格不一定是完全有害的行为。美国最高法院 1911 年判决的“迈尔斯诉帕克案”（Dr. Miles Medical Co. v. John D. Park and Sons Co. , 220 U. S. 373, 1911）曾认定维持转售价格行为“当然违法”。2007 年，美国最高法院在 Leegin 案中接受波斯纳（Richard Posner）法官的意见，推翻了适用近百年的“当然违法”，承认维持转售价格行为具有二重性，开始对维持转售价格适用“合理原则”。《反垄断法》第 15 条也规定，满足一定的条件，而且能够证明所达成的协议不会严重限制相关市场的竞争，并且能够使消费者分享由此产生的利益，维持转售价格的行为可以得到豁免。

经验表明，纵向协议比横向协议更容易符合《反垄断法》第 15 条的规定，也就是说，反垄断执法或司法时，对维持转售价格行为更需要进行“合理推定”，也就会面临更大的举证困难和争议。在规制维持转售价格行为方面，我国实行行政机构（具体指国家发展和改革委员会价格监督检查与反垄断局）执法和法院司法并行的体制。行政机构在处理“图书限折令”等行政案

① 固定价格在供大于求时起最低限价的作用，而在供不应求时起最高限价的作用。所以，限制价格从根本上说不外乎最低限价和最高限价。

件和法院审理“锐邦诉强生案”等司法案件时遇到的困难都证明了维持转售价格案件的复杂性和争议性。那么,是否存在某种简便的方法,既可以减少因维持转售价格自身具有的二重性而导致反垄断执法和司法的顾此失彼,又可以简化执法程序,解决举证困难的问题,甚至不劳此举呢?本章的最新研究证明,答案是肯定的。具体来说,当存在跳单现象时,由于其与维持转售价格的互克作用,在一定条件下,反垄断机构对维持转售价格行为不仅可以“顺其自然,静观其变”,有时还应该给予鼓励。显然,这个理论和发现是对法律经济学特别是反垄断经济学的一个贡献。

(二)跳单现象及对维持转售价格的克制作用

跳单现象其实早已有之,只是过去很少进行系统的研究。跳单又称“跑单”或“飞单”,英文中的 showrooming 或 window-shopping 均有此意,但都仅强调某一侧面特征。一般来说,跳单现象具有如下特征:(1)至少存在三方主体;(2)出于经济理性,其中一方主动或被动地与另一方合作,而跳过第三方进行交易;(3)两方主体的合作是基于对第三方的利用,直接或间接地损害了第三方的利益(主要就是“搭便车”的问题)。如果说维持转售价格的通常做法就是限定最低价格,从而达到维持偏高价格的目的,那么在渠道价差较大的情况下,只要有机会就会出现跳单行为。因此,通常情况下,跳单行为具有明显的促进价格竞争的正效应,天生就是维持转售价格的天敌。最高人民法院 2011 年公布的首批首个指导性案例就是“中介选弃”的跳单案。其中,购房者在价差较大的情况下,跳过一家中介而与另一家中介成交(有一定程度的"搭便车"之嫌)。这种跳单行为既符合个体经济理性,也有利于房地产业的合理竞争。又如,近年来,各国图书、服装、家居、电子、电器等行业的销售环节中不仅广泛存在"直接网购"的现象,也大量存在"店选网购"的跳单行为,这是伴随互联网电子商务出现的必然现象。其中,出版商或实体书店试图通过维持转售价格来维持高价,不仅没有效果,而且还涉嫌违法。[①] 但需要指出的是,只是由于价差较大而选择低价购买的行为(如直接网购),虽然也有与跳单类似的促进竞争效果,但由于不存在"搭便车"的问题,不属跳单之列。

本章主要探讨的问题就是,跳单会自动减弱甚至消除维持转售价格的效果,成功实施维持转售价格也会有效限制跳单,即二者之间存在互克作用,[②]那么,它们相互作用的机理到底是什么？如果再考虑到二者的正反两方面效应,如何才能"趋利避害"？退一步说,即使不能做到"两利相容而无一害",至少也应该避免"两害相加而无一利"。显然,搞清这些问题对反垄断执法和相关企业经营都有很重要的指导和借鉴意义。

---

① 此处两则案例可详见本书第 2 章和第 3 章的相关研究。

② 根据"阴阳五行"的哲学思想,维持转售价格与跳单不但会有互克作用,而且存在相生关系。比如,上游厂商实施维持转售价格策略也可能引起价差,而价差过大就可能导致跳单。反过来,出现跳单就说明存在价差,而上游厂商为了限制跳单也可能会采取维持转售价格来缩小价差。

(三)渠道价差是联系维持转售价格与跳单的纽带

根据经济学的基本原理,在市场竞争充分的条件下,同一种商品在不同渠道的销售价格应该趋同。但现实却并非总是如此,相同商品在不同销售渠道往往有不同的销售价格,并由此形成渠道价差。

从渠道价差产生和演变的机理来看,上游厂商实施限定最低价格的维持转售价格策略会产生直接和间接两种效果。直接效果对企业而言,是指对自身渠道下游价格的维持程度,主要表现为渠道价差的扩大,即自身渠道价格与其他渠道拉开差距,从而在一定时间内获取垄断收益。间接效果对市场而言,是指对下游相关市场的其他渠道价格的影响,即由于其他渠道价格的跟随,相关市场的价格水平会有趋同趋势,结果使整体价格水平向上偏离充分竞争水平,而偏离的程度取决于市场竞争状况。通常来说,企业实施维持转售价格策略的直接和间接效果的综合影响是现实市场价格向偏高的方向趋同,而渠道价差通常表现为“先大后小、高位趋同”。本章所说的维持转售价格效果一般是指这种综合效果。

从渠道价差的影响后果看,渠道价差过大会吸引消费者在某一渠道(通常是价格较高的店商)进行体验选择,而在另一渠道(通常是价格较低的网商)购买商品,从而形成跳单现象。如果跳单达到一定程度,市场竞争会更加充分,价格较高渠道销售的商品会出现滞销,市场价格会向较低的更接近充分竞争的水平趋同。与维持转售价格作用相反,跳单对渠道价差的影响通常表现为渠道价差“由大到小、低位趋同”。

由此可知,在维持转售价格、跳单与渠道价差这种“三位一体”的关系中,渠道价差是连接其余二者的纽带,而维持转售价格和跳单的作用方向相反(即互克之意)。下面的理论模型可以完整准确地说明这种复杂关系。

二、跳单与维持转售价格互克理论模型

完整的跳单与维持转售价格互克理论模型由“两个引理”、“基本定理”、“二重组合”和“三区划分”四个部分组成。下面依次加以讨论。

(一)基于渠道价差的两个引理

如果假定其他因素(如销售服务、商品属性、顾客偏好及收入水平等)不变,仅侧重考虑渠道价差与跳单、渠道价差与维持转售价格之间的单向关系,则可形成如下两个引理:

引理 1:当不考虑是否存在维持转售价格行为时,渠道价差大小与跳单程度成正比。如在图 6－1(a)中,横轴表示渠道价差的大小,纵轴表示跳单程度(发生频率或幅度)的高低。显然,渠道价差越大,跳单程度越高,两者成正比关系。这也很容易理解,如在零售环节,当渠道价差足够大时,消费者便会选择价格较低的渠道购买商品和服务,而跳过价格较高的渠道;而当渠道价差较小时,跳单也就没有动力。

引理2：当不考虑是否存在跳单行为时，渠道价差大小与维持转售价格效果成反比。如在图6－1(b)中，横轴仍表示渠道价差的大小，纵轴则表示维持转售价格效果的强弱。不同于跳单与渠道价差之间的正比关系，维持转售价格效果的强弱与渠道价差成反比关系。比如，当存在潜在渠道价差而并没有表现出来时，说明现有维持转售价格策略实施的综合效果较强，控制市场价格的目的已经达到。这种情况也容易躲避反垄断机构的关注，危害较大。而且一般情况下，率先实施维持转售价格的上游主导企业，不仅自身获利，还会影响其他追随企业相

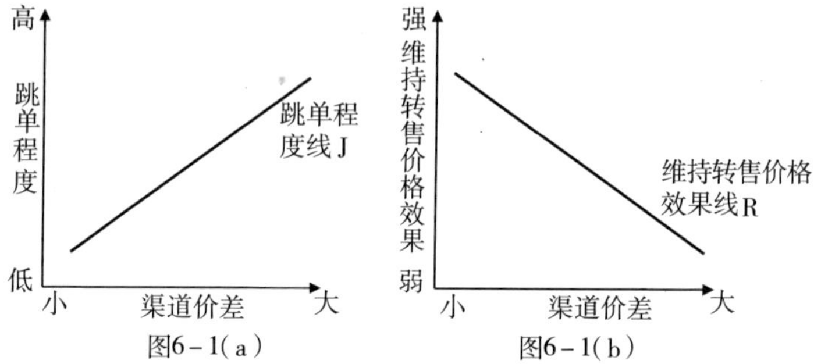

图6－1　渠道价差对跳单和维持转售价格的单向作用关系 ①

应调整价格，最终导致整个市场价格向上偏离竞争价格。与之相反，当市场中高低价格并存且渠道价差较大时，说明维持转

① 该文发表后，作者曾在美国多所高校进行学术交流，佛罗里达大学法学院索科尔(D. Sokol)教授和波士顿大学于葳博士等对于渠道价差与跳单、渠道价差与维持转售价格的关系提出过修改意见和建议。后经进一步研究发现，渠道价差不仅会对跳单和维持转售价格产生影响，反过来也受到跳单和维持转售价格的反作用，并由此呈非线性特征。其中，跳单行为会使渠道价差下降，最终趋向低价；维持转售价格会使渠道价差“先降后升”，最终趋向高价。

售价格策略实施的综合效果较差，即使偶尔局部奏效也难以持久，不能达到维持价格的目的，而且容易受到各方重点“关注”。

两个引理（特别是引理 2）比较抽象，这里用我国图书行业的实例来说明。在图书零售环节，存在店商（线下实体店，如新华书店）和网商（线上经销商，如当当网）两种销售渠道。在店商书价比网商书价平均高出 20%~40% 的情况下，购书者自然会选择在网上购买，这就导致店商普遍经营困难。网上购买又分“直接网购”（无“搭便车”问题）和“店选网购”（有“搭便车”问题，即跳单现象）两种情况。也就是说，如此巨大的渠道价差必然会出现普遍的跳单现象。以上分析符合引理 1，而且世界各国情况大多如此。

承接上例，继续分析引理 2：处于被动地位的店商联合上游的出版商，试图实施纵向限制策略，并呼吁政府出台“图书限折令”（实质是维持转售价格行为），维持较高的图书价格以便生存和获利。假如店商与网商间的渠道价差因“图书限折令”减小甚至消失，则证明维持转售价格效果很强，其限制市场竞争的作用也就较明显，若是如此，对于图书行业的维持转售价格行为就应严格限制。但事实却是，在渠道价差过大的情况下，此类纵向限制在现实中几乎没有任何效果。即使没有“店选网购”的跳单现象，“直接网购”也会打破维持转售价格行为。而且因涉嫌违法，反垄断机构对此必然持慎重态度，政府和司法机构绝无强行推进维持转售价格行为的道理。过去我国的图书销售由新华书店“一统天下”、一价到底，没有价差，没有竞争,属于维持转售价格的极端情况。网商兴起之后,渠道价差由无到有,由小到大,到一定阶段时市场价格必然趋同。显然,以上分析符合引理2。

(二)跳单与维持转售价格互克理论基本定理

引理1和引理2只是分别表明了渠道价差对跳单和维持转售价格的单独而反向的关系,显示出一定的经济现实解释力。但这远远不够,因为关键不仅在于分别考虑两组关系,更为重要的是,研究跳单与维持转售价格二者间的互克作用,即当其他因素一定时,跳单和维持转售价格二者之间反向作用的机理及其政策含义。为此,可将图6-1(a)与图6-1(b)统一起来,得出如图6-2所示的跳单与维持转售价格相互作用的关系,并用以分析二者之间此消彼长关系的综合结果。

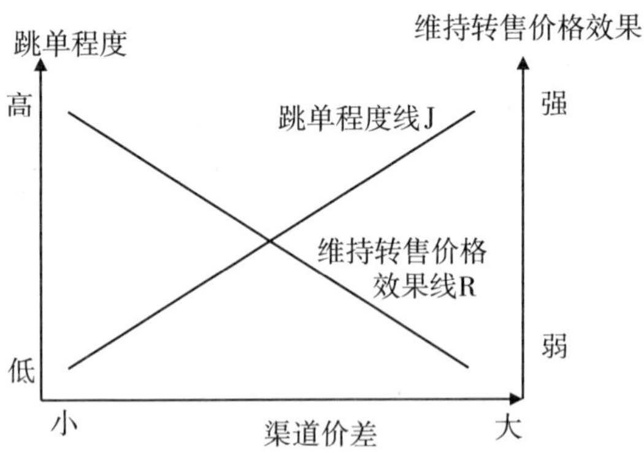

图6-2 跳单与维持转售价格互克理论

在图6-2中,横轴从左至右表示渠道价差由小到大,左边纵轴由下到上表示跳单程度由低到高,右边纵轴由下到上表示维持转售价格的效果由弱到强。这样,图6-1(a)中的跳单程度线 J 和图 6－1(b)中的维持转售价格效果线 R 就构成了相互交叉图形。

由此，可以得到“跳单与维持转售价格互克基本定理”：在其他条件不变的情况下，跳单程度越高则维持转售价格效果越弱，跳单程度越低则维持转售价格效果越强；反之，维持转售价格效果越强则跳单程度越低，维持转售价格效果越弱则跳单程度越高。也就是说，在图 6－2 中，从左至右，随着渠道价差的扩大，跳单对维持转售价格的克制作用逐渐增加；从右至左，随着渠道价差的减小，维持转售价格对跳单的克制作用逐渐增加。

这就是跳单与维持转售价格互克理论的基本定理，也是下面“二重组合”和“三区划分”的理论基础。互克定理的重要意义在于，反垄断机构完全可以充分利用这种互克作用，在反价格垄断执法过程中，对于维持转售价格顺其自然，静观其变，充分利用跳单的积极作用，尽量做到无为而治。另外，相关机构也可以通过限制或豁免维持转售价格来减少跳单的负效应，而不要直接介入对跳单行为的干预。

(三)跳单与维持转售价格的二重组合

跳单与维持转售价格互克基本定理说明了跳单程度与维持转售价格效果此消彼长的相互关系，但这还不足以涵盖互克理论的全部深刻含义，因为其并没有完全考虑到跳单与维持转售价格对市场竞争具有正效应和负效应的二重性。对跳单而言，其正效应表现为促进价格竞争(通常是达到较低的市场价格水平），但跳单往往还会产生“搭便车”的负效应，即跳单行为虽能提高效率但会影响公平。对维持转售价格而言，其正效应表现为可以抑制“搭便车”问题，但它也有限制价格竞争的负效应（通常是维持较高的市场价格水平），即维持转售价格虽有利于实现公平但会降低效率。二者的正反效应和综合评价如表6－1所示。

表6－1　跳单与维持转售价格的二重性

项目	正效应	负效应	综合评价
跳单	促进价格竞争（趋向低价）	产生“搭便车”行为	提高效率但影响公平
维持转售价格	抑制“搭便车”行为	限制价格竞争（趋向高价）	有利于实现公平但会降低效率

假如跳单行为和维持转售价格行为各自只有一种效应，问题就较为容易理解。但跳单与维持转售价格由于各自具有二重性，所以要想科学有效地发挥二者之间的互克作用，必须力争做到趋利避害，即在同时限制负作用的前提下，争取最好的正效应。正因为二者都各有正反两方面的效应，就需要科学地搭配组合，才能有扬善抑恶之效，至少应避免恶恶相加的最坏结果。

如图6－3所示，根据跳单和维持转售价格的正、负效应搭配，可有四类（2×2）组合关系：（1）跳单的正效应＋维持转售价格的正效应（对应第Ⅰ象限）；（2）跳单的正效应＋维持转售价格的负效应（对应第Ⅱ象限）；（3）跳单的负效应＋维持转售价格的负效应(对应第Ⅲ象限);(4)跳单的负效应 + 维持转售价格的正效应(对应第Ⅳ象限)。显然,第Ⅰ象限的双正效应最为可取,也可以称为“理想象限”;第Ⅲ象限的双负效应最不可取,也可以称为“摒弃象限”;第Ⅱ和第Ⅳ象限的效应均为一正一负,彼此有所抵消。政策组合的目标就是尽量靠近双正效应的第Ⅰ象限。当然,现实中更为常见的是跳单和维持转售价格的正负效应同时存在,所以需要综合分析二者对竞争影响的净效应。

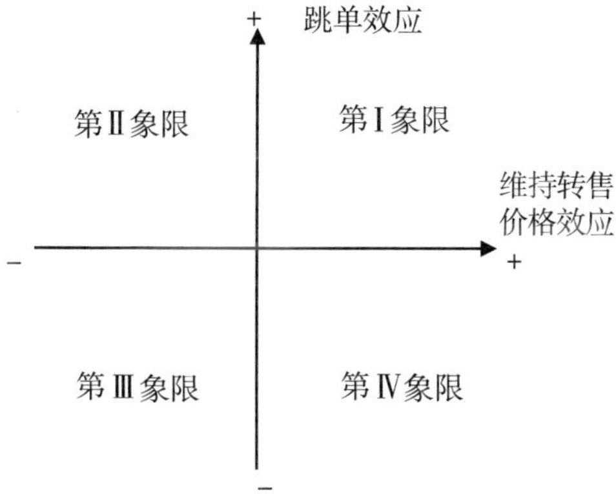

图 6－3　跳单与维持转售价格效应组合

(四)跳单与维持转售价格的三区划分

图 6－3 所示的“二重组合”思路上正确,但可操作性稍差。因此,下面根据“两线三区四分法”原理,[①]将图 6－2 划分为三

---

① 在构建法理经济学学科基本分析方法时,于立系统提出了“两线三区四分法”范式,并成功地用于研究多方面复杂问题。

个区间,再据以进行政策组合,思路便会更加清晰,见图6－4。

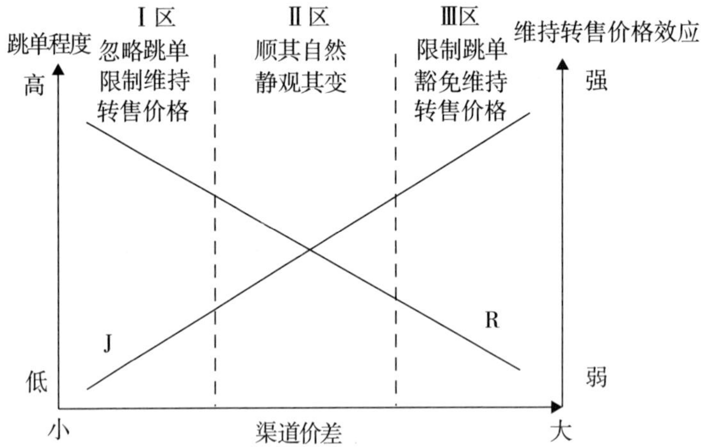

图6－4　跳单与维持转售价格的三区划分

在渠道价差较小的第Ⅰ区间,跳单程度线J处于低位,维持转售价格效果线R处于高位,即维持转售价格效果较好,跳单现象较少。这种情况下,跳单促进价格竞争的正效应不够明显,同时因跳单现象较少,也不存在严重的“搭便车”的负效应。而维持转售价格限制价格竞争的负效应更加突出,跳单对其的克制作用又十分有限。此区间内二者互克的综合效应,更多表现为维持转售价格限制价格竞争的负效应。因此,此区间政策组合的要点是“忽略跳单,限制维持转售价格”。

在渠道价差较大的第Ⅲ区间,跳单程度线J位于高位,维持转售价格效果线R处于低位,即维持转售价格限制价格竞争的负效应不明显,同时跳单现象较多。在这种情况下,跳单促进价格竞争的正效应比较明显，也不必担忧维持转售价格可能产生的限制价格竞争负效应。但较多的跳单现象会产生比较严重的"搭便车"问题，而维持转售价格抑制"搭便车"的正效应比较有限。此区间二者互克的综合效应，更多地表现为跳单所产生的"搭便车"问题。因此，此区间政策组合的要点是"限制跳单，豁免维持转售价格"。

相对而言，第Ⅱ区间的情况既复杂又简单。复杂主要是指在关系层面，各种因素交错影响，纷繁凌乱；简单主要是指在执法层面，由于互克效应明显，反垄断机构多可顺其自然，无为而治。第Ⅱ区间的跳单程度线 J 与维持转售价格效果线 R 高低交错。随着渠道价差的扩大，消费者（或下游经销商）跳单的动机增强，跳单程度必然有所上升。同时，渠道价差的扩大从另一个侧面说明，维持转售价格的纵向价格限制效果虽然不如第Ⅰ区间明显，但会高于第Ⅲ区间。此区间二者的作用方向不如第Ⅰ区间和第Ⅲ区间那样清晰，但互克的综合效应却更加明显。显然，第Ⅱ区间是跳单与维持转售价格互克理论的研究重点和适用区间。此区间的政策组合要点是"顺其自然，静观其变"。

根据上述的跳单与维持转售价格互克理论和"三区划分"的政策组合要点，可以概括成如表 6－2 所示的简易执法原则，对维持转售价格进行执法。当然，由于存在行业属性差异和相关司法判例较少等原因，目前还难以依据经验数据对"三区"进行严格划分。但随着未来判例和研究成果的增多，"三区"也将逐步由定性划分进展到定量划分。

表6－2　基于“互克理论”的政策组合与执法原则

区间	基本特征	政策组合	维持转售价格执法原则
第Ⅰ区间	·渠道价差小，跳单程度低，对维持转售价格克制作用小 ·维持转售价格效果强，对跳单克制作用大，对价格竞争负面影响大	忽略跳单，限制维持转售价格	适用“原则违法”执法原则
第Ⅱ区间	·渠道价差较大，跳单程度较强，对维持转售价格有克制作用 ·维持转售价格效果较强，对跳单有克制作用，对价格竞争有负面作用 ·跳单与维持转售价格相互克制	顺其自然，静观其变	适用“合理推定”执法原则
第Ⅲ区间	·渠道价差大，跳单程度高，对维持转售价格克制作用大 ·维持转售价格效果弱，对跳单克制作用小，对价格竞争负面影响小	限制跳单，豁免维持转售价格	适用“原则合法”执法原则

三、理论应用与典型案例

根据跳单与维持转售价格互克理论及其简易执法原则，我们可以分别对“中介选弃”、“店选网购”、“租少售多”、“纵向协议”违约、“院诊店购”等一系列典型案例，在大致划分“三区”的基础上重新梳理并进行法律效果的评价，同时为相关跳单问题提供对策建议。需要说明的是，这些经典案例和跳单问题中有些涉及的是广义的维持转售价格现象，但其性质和影响与狭义的维持转售价格是一致的。具体案例与建议见表 6－3。

表 6－3　典型案例与对策建议

相关领域的典型例证	渠道价差率与区间定位	判例评价、政策建议及企业策略
中国首个维持转售价格的司法案例——“纵向协议”违约案（医疗仪器行业）	渠道价差率为 5%～6%，属于第Ⅰ区间	· 维持转售价格克制作用强，跳单行为很少 · 二审判决强生公司维持转售价格行为违法，合乎法理
最高人民法院首批首个指导性案例——“中介选弃”跳单案（房屋中介行业）	渠道价差率为 16%～20%，属于第Ⅱ区间	· 维持转售价格与跳单相互克制，应允许顾客和其他中介合作跳单 · 一审判决跳单违法，不符合法理；二审判决跳单合法，符合法理 · 无须禁止维持转售价格行为，但不应判定跳单违法。中介机构应减少信息成本

续表

相关领域的典型例证	渠道价差率与区间定位	判例评价、政策建议及企业策略
“店选网购”跳单问题(图书零售行业)	渠道价差率为20%～40%，属于第Ⅱ区间	·维持转售价格与跳单相互克制,应允许购书者与网商合作跳单 ·政府原则上应限制维持转售价格行为,至多豁免维持转售价格,但绝不能支持“图书限折令”等维持转售价格策略 ·店商可实施纵向一体化或交叉补贴策略,应对“搭便车”行为
“租少售多”跳单问题(大型商场商业模式)	渠道价差率为20%～50%，属于第Ⅱ区间	·维持转售价格与跳单相互克制 ·政府静观其变,无须主动执法 ·商场优化租金结构;租户提高服务水平。纵向一体化可适度减少跳单现象
“院诊店购”跳单问题(药品销售行业)	渠道价差率为50%～80%，属于第Ⅱ区间	·维持转售价格与跳单相互克制,适当允许患者跳单到药店购药 ·政府放松医院准入,取消“层层加价”制度 ·医院加强竞争,减少中间环节
“山寨”侵权问题(知识产权商品)	渠道价差率为90%左右,属于第Ⅲ区间	·跳单会克制维持转售价格,应有所限制 ·与知识产权相关的维持转售价格的行为原则上合法 ·政府应限制跳单,维护知识产权,鼓励创新

下面对表 6－3 的内容进行解释。

（一）“纵向协议”违约案——“锐邦诉强生案”

该案是中国首个维持转售价格的司法案例，对反价格垄断的执法和司法具有重要的示范作用。强生公司对下游厂商实行了维持转售价格策略，但下游厂商锐邦公司以低于限定价格 6% 的价格进行销售，可认为渠道价差率为 6%，属于第Ⅰ区间。上海市高级人民法院的二审判决认定强生公司维持转售价格行为违法。根据互克理论，由于渠道价差较小，下游经销商跳单动力不足，甚至很少有跳单现象，可以认为维持转售价格效果较强，具有限制价格竞争的潜在能力。因此，该案例应遵循维持转售价格“原则违法”的执法原则，严格限制维持转售价格行为，忽略下游经销商“纵向协议”违约。总之，法院的二审判决合乎法理。

（二）“中介选弃”跳单案

该案是最高人民法院公布的中国首个指导性案例，也首次明确了跳单的法律性质，可以很好地说明渠道价差与跳单以及维持转售价格的关系。该案中，购房者与某房屋中介以 165 万元的价格签订《房地产经纪确认书》，但很快又通过另一房屋中介以 138 万元的价格成交，同一房源两个渠道（中介）价差 27 万元，渠道价差率应属于第Ⅱ区间。在这种情况下，跳单打破了首家中介试图通过合同协议来维持高价的维持转售价格行为。因此，一审法院判决跳单违法是不符合法理的，二审法院改判跳单合法的判决更符合法理。但根据互克理论，二审判决的不足是完全忽略了首家中介的信息成本问题，留下了明显的法理遗憾。

（三）“店选网购”的跳单问题

近年来，随着基于互联网的“平台式”商业模式的不断创新，很多商品在零售环节普遍存在“店选网购”（或“网选店购”）的跳单现象。在图书行业，实体书店与网上书店之间的渠道价差率一般在20%~40%，应属于第Ⅱ区间。图书行业一度实行“一次定价、分层打折”的维持转售价格制度，图书价格一直偏高。网上书店出现之后，购书者面对较大的差价，自然采用“店选网购”的方式跳单，再加上不属于跳单的直接网购，维持转售价格制度已名存实亡。店商也试图通过“图书限折令”等维持转售价格手段来限制跳单，但由于渠道价差过大，跳单行为和直接网购行为的共同作用使维持转售价格手段形同虚设。根据互克理论，图书行业的跳单促进价格竞争的正效应十分明显，尽管存在一定的“搭便车”问题，政府机构也不应随意介入。相反，对于维持转售价格的行为，至多豁免法律处罚。同时，店商可以实施纵向一体化或交叉补贴策略，应对“搭便车”行为。总之，应依据“合理推定”的执法原则，尽量鼓励市场竞争，减少政府干预。

（四）“租少售多”和“场选网购”的跳单问题

在以场地租赁为主要商业模式的大型商场中，容易同时出现“租少售多”（少租店面逃避租金，背后交易更多获利）和“场选网购”（顾客在商场选购商品，再通过网上购买）的“双重跳单”现象。调研发现,租户在大型商场中租用展位需付的租金成本通常占经营总成本的 30% 左右,这些成本会转移到商品价格上,相应就形成商场渠道与非商场渠道(包括厂家直销、销售商独立销售或网络销售等)的渠道价差,价差率一般在 20%~50%。面对租户或顾客的跳单行为,商场通常会普遍提高租金或调整租金结构,有时还制定“线上线下同价”等维持转售价格策略,但由于渠道价差较大,租户或顾客跳单动力也较大,实际中商场的维持转售价格策略效果有限。根据互克理论,可以利用跳单的正效应克制维持转售价格的负效应,同时通过优化商场租金结构、提高服务质量或实行纵向一体化等策略克制跳单引发的“搭便车”的负效应,最终使综合效应趋向于理想象限。政府机构最好的思路就是静观其变,让跳单行为与维持转售价格互相克制。

(五)“院诊店购”的跳单问题

调研发现,在医疗领域,经常出现“院诊店购”的跳单现象,主要原因是不少药品的医院售价是出厂价的 8~10 倍,与药店的渠道价差率也高达 50%~80%。价差如此之大,似乎应属于第Ⅲ区间,但造成这种现象的主因是医疗领域的行政垄断,所以应属第Ⅱ区间,需要“合理推定”。我国长期实行“药品顺价”政策,允许纵向环节层层加价;同时在医疗行业不当的市场准入和医院高度垄断的格局下,“以药养医”成为医院重要的财力来源。高额渠道价差迫使部分自费患者通过“院诊店购”的方式跳单。这种跳单多是无奈之举,具有一定的合理性。以行政垄断为特征的维持转售价格体制既限制竞争，又极不公平。因此，一方面应该放宽医院准入，鼓励医院间的横向竞争，同时减少中间环节，取消以“层层加价”为特征的维持转售价格制度；另一方面在政策上应方便患者的“院诊店购”的跳单行为，发挥跳单与维持转售价格相互克制的作用。

（六）知识产权商品中的“山寨”侵权问题

在知识产权类商品（如商标品和版权品）中，“山寨”“盗版”的现象比较常见，这也是广义的跳单行为。很多“伪而不劣”的商品的渠道价格经常相差数倍或数十倍，价差率甚至达到90%以上，明显属于第Ⅲ区间。在正品与“山寨品”价差巨大的情况下，如果对知识产权保护不力，销售和购买“山寨品”的跳单现象往往就具有侵权之嫌。这时，对于旨在维护知识产权的维持转售价格行为，应该采用“原则合法”的执法原则，而对损害知识产权的跳单现象，应该严格限制。

总之，根据本章提出的跳单与维持转售价格互克理论，反垄断机构在对维持转售价格的执法中，将跳单作为举证依据和经济分析参考，可以大大地简化程序和过程，减少执法费用，提高执法效率。现有的纵向限制案例可以根据互克理论及其结论，对原来的判决进行重新审议和评估。未来出现新的维持转售价格案例，可以根据互克理论，既可简化执法，又可避免错判。对于目前尚无法律依据的跳单问题，应该结合维持转售价格因素科学分析，尽量根据二者间的互克原理，减少不必要的干预。

本章参考文献

〔1〕Lester G. Telser, "Why should Manufacturers Want Fair Trade?", *Journal of Law and Economics* 3,1960,pp. 86 - 105.

〔2〕B. S. Yamey, *Resale Price Maintenance: A Comparative American-European Perspective*, Aldine Transaction,2008.

〔3〕薛兆丰:《不要鲁莽干扰奶粉行业的市场机制》,载《经济观察报》2013 年 7 月 29 日,第 44 版。

〔4〕于立、冯博:《最高人民法院首个指导性案例的法律经济学分析——"跳单案"案例研究》,载《财经问题研究》2012 年第 9 期。

〔5〕于立、徐洪海、冯博:《"店选网购"跳单问题的竞争关系分析——以图书行业为例》,载《中国工业经济》2013 年第 9 期。

〔6〕于立:《数字与哲理——"两线三区四分法"概论》,载于立编著:《天津财经大学"优青班"讲义》(第 2 辑),天津财经大学法律经济分析与政策评价中心内部教材,2013 年 5 月。

〔7〕于立、冯博:《维持转售价格法律适用问题中的"定性"与"定量"——"锐邦诉强生案"的法律经济学分析》,载《中国物价》2014 年第 1 期。

〔8〕于立、王玥:《"租少售多"与"场选网购"双重跳单问题研究——大型商场经营模式的考察》,天津财经大学法律经济分析与政策评价中心 2014 年工作论文。

第 7 章 专题案例与竞争政策[①]

在跳单理论构建和应用分析中,“渠道价差”始终都是核心概念和分析工具。在正常竞争条件下,同一市场不可能长期存在过高的渠道价差,过高的渠道价差只能是短期现象。

渠道价差可分为两类:第一类渠道价差是由技术因素引起的,如与“店选网购”密切相关的“店选店购”与“网选网购”之间的渠道价差,并不会引起跳单,也没有“搭便车”的问题。通过竞争,这类渠道价差很快就会消失,这也符合市场配置资源的优化原则。第二类渠道价差则不然,具有“二

① 项目资助:国家自然科学基金“跳单问题的B-T-C范式与应用”(71272190)。

重性”。一方面跳单会促进渠道间竞争并使价格趋同，另一方面同时也存在一定的“搭便车”问题。对于这种因类似“价格双轨制”而产生的跳单现象，不能简单地进行政府干预，而应“解铃还须系铃人”，对引起渠道价差的制度本身进行重新审视，尽量用市场手段解决。

本章是跳单理论的拓展和延伸，仍然是以渠道价差为主要分析工具，通过研究“院诊店购”“海外代购”“弃联走宝”“平行进口”等典型跳单案例，进一步完善跳单理论，并研究具体案例所提示的政策含义。

一、“院诊店购”跳单与“以药养医”

医药领域的“药价高”“看病贵”的问题至今仍是我国社会生活中的一大痼疾。在一段时期里，为规避畸高药价，一些常见病和慢性病患者经常会在医院检查、诊断，获得医生开具的药品处方后“跳”过医院，而去价格相对低廉的其他渠道（实体药店或网上药店）购药。我们把这类现象概括为“院诊店购”跳单。患者在高等级医院（如三甲医院）诊断，转而到低等级医院（如社区医院）购药的行为也可归为此类跳单。

如图 7－1 所示，“院诊店购”与其他跳单问题一样，也可用 B-T-C 范式进行分析。其中药厂为 B，医院为 T_1，药店（包括实体药店和网上药店）为 T_2，患者为 C。当 T_1 和 T_2 的渠道价差达到较大程度时,患者便会设法跳过医院(T_1),直接从药店(T_2)购药。有时,医院自设独立药店或名义独立而实际由医院管理的药店(相当于经济学中的"一体化"),患者到这类药店购药不属于跳单,因医院可通过内部部门间结算或内部协商分配利益,但通常这种内部药店价格仍然偏高,因而仍给患者留下到其他外部药店购药即跳单的动机。因此,"院诊店购"跳单的前提是T_1和T_2分属不同利益主体,并且价差足够大。这里还需要说明的是,医院(T_1)和药店(T_2)各自通过不同渠道从制药企业(B)批购药品,T_1和T_2均为"中间商"。因此,"院诊店购"跳单中C与T_2合谋跳过T_1,这与"中介选弃"和"店选网购"跳单属于同一类型。

"院诊店购"跳单的核心概念仍然是渠道价差。比如,医院的药品价格一般比药店零售价格高至少15%左右(官方批准的加价率),有的甚至更高(当药店直接从药厂购药或促销打折时)。假设T_1渠道药品零售价格为P_1,T_2渠道药品零售价格为P_2,渠道价差为$d = P_1 - P_2$。由于"院诊店购"跳单是基于患者的重复购药行为,此处的渠道价差内涵也就有所不同,并非一次性价格差,而是长期或重复购药过程中累积的总价差,记为D。若以d_i表示第i次购药的价差($i = 1, 2, 3, \cdots, N$),则$D = d_i \times N$(当d_i相同时)或$D = \sum_1^N d_i$(当d_i不同时)。D越高,则C的跳单动力越强。D值取决于两个因素:一是单次购药价差d_i;二是购药次数N。因此,即使单次购药的价差不大,但往往很多慢性病、常见病患者需要长期重复购药,也可能产生强烈的跳单动机。若 d_i 和 N 都较高,“院诊店购”跳单则是必然。

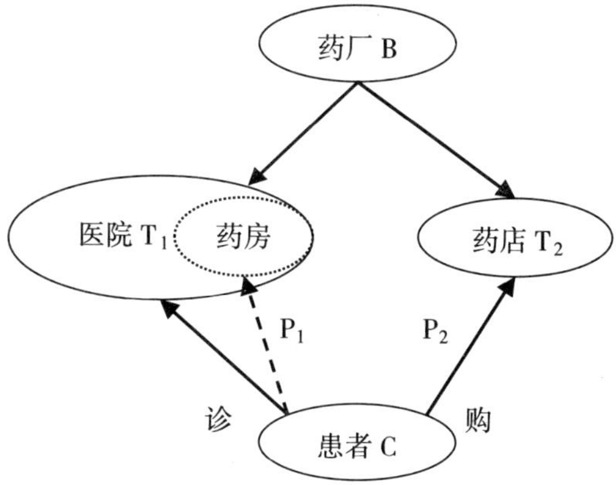

图 7 -1　“院诊店购”跳单示意

究其根本,“院诊店购”过程中的渠道价差主要源于我国长期以来存在的以“诊疗低价 + 药品高价”为特征的“以药养医”的医疗制度。从医院的角度来看,“以药养医”制度在医院诊疗自主定价权受到限制、政府财政支持又不充足的情况下,对于促进医院软硬件建设和我国医疗水平快速提高有积极作用。因此,医院与药店之间的药价差是在特定历史条件下发展医疗事业的过程中形成的。而且在医院诊疗收费过低的情况下,患者通过跳单方式大量地到院外购药,实际上也搭了医院的便车,侵害了医院的利益。

但从患者的角度来看,药品不同于一般商品,按理似乎不应该出现过多的跳单现象。对于一般商品,客户能较为容易地辨别出商品质量差异和价格高低,所以跳单相对容易,也无风险。但在医药领域,医生与患者之间存在极为严重的信息不对称，患者处于信息劣势的地位，即使通过“院诊”获得医院处方，也不一定能够保证能在其他渠道准确购买到药品并恰当服用。加之大部分医院都有自建的药品结算系统，患者只有在医院购药后才能获得药品名称、服用剂量等具体信息。在正常的情况下，在医院购药本是合情合理之事，既能保安全，又有效率，跳单看似是不可能普遍发生的。但实际中“院诊店购”跳单现象仍然存在的背后原因可能是渠道价差过大（如药品出厂价与医院售价一度普遍相差10倍时），这对于需要长期或反复服用相同药物的慢性病和常见病患者或家属而言，在反复购药过程中可能会“久病成医”，逐步转向其他渠道购药以规避医院的高药价，便也是十分自然的事情。

因此，“院诊店购”跳单行为的存在反映出“以药养医”引起的药价奇高的弊病以及其背后隐藏着的“医药合谋”“药品加价”等深层次的体制问题。“以药养医”滋生的“医药合谋”和“药品加价”以及由此造成的较大渠道价差和跳单问题，使患者经常要承担过高的医药费用，或承担跳单可能带来的医疗风险。当渠道价差足够大时，患者必然会“铤而走险”，选择跳单，从而以更低的价格购买药品。尽管“院诊店购”跳单存在“搭便车”的问题，但它在客观上也很大程度地促进了医院药房与院外药店之间的竞争，并在一定程度上能够使平均药价趋于相对合理的水平，而且渠道价差越大，“院诊店购”跳单促进竞争的正面作用就越突出。

需要特别指出的是，由于医药产品的特殊性，患者在面对高昂的医药费用时选择跳单虽然是出于经济理性，却也是一种无奈的选择。毕竟，“院诊店购”对患者而言还是存在一定的医疗风险的。这一点对于医疗体制改革是很具有启示意义的，改革的逻辑出发点不该是仅仅为了避免医疗风险而限制患者转诊或者跳单，而应顺应市场规律和竞争政策的要求，应用市场的手段来解决问题。比如，改变“以药养医”的制度，促进医药市场合理的竞争等。近年来，国家逐渐改变“药品加价”制度，医院也开始通过提高诊疗费、降低药品价格逐步改变“以药养医”制度，这是符合市场规律的顺势之举。但客观地看，我国还远未理顺医疗体制，有些理念和看法也有待探究，跳单理论或许可以帮助我们看清真相。

二、“海外代购”跳单与专利保护

医药领域不仅广泛存在“院诊店购”跳单，而且还有大量的“海外代购”跳单，即患者在国内医院检查诊断，再“跳”过国内医院，利用邮寄或委托购买的方式从国外药品中介或药店等渠道购买药品。

以下用图 7－2 加以说明。这时 T_1 代表国内医院，T_2 代表海外代购中介或药店。与“院诊店购”跳单类似，“海外代购”跳单也是基于患者的重复购药行为。但更为关键的是，“海外代购”的药物多是“救命药”和“特效药”等专利药，平均价差率更高，数倍、几十倍甚至百余倍也都较为常见。因此，那些“吃药难""保命难"的患者的跳单动机更为强烈。下面以"格列卫"药品跳单案为例，说明药品专利因素对"渠道价差"的影响及在跳单中的作用。

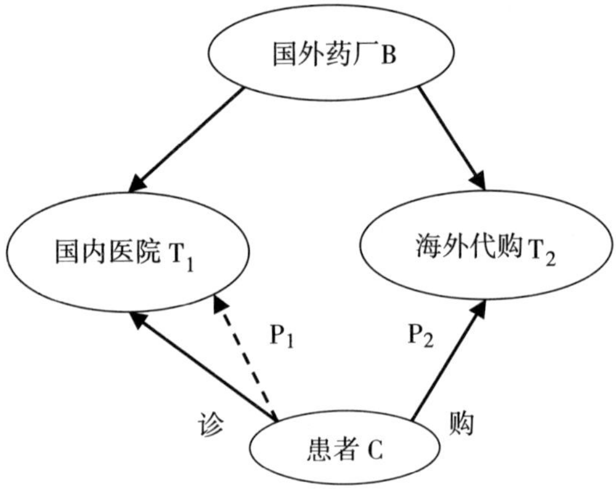

图 7－2 "海外代购"跳单示意

"格列卫"跳单案案情如下：2002 年，患者陆某（C）在国内医院（T_1）被确诊为白血病，医生推荐他服用瑞士诺华公司（B）生产的专利药"格列卫"抗癌药来稳定病情，维持生命。但该药价格很高，国内医院（T_1）每盒售价为 23500 元，按每月用药量一盒计算，每年药费就需要 282000 元。2004 年，陆某了解到印度公司（T_2）生产的格列卫仿制药，其药效与原专利药几乎一样（药性相似度 99.9%），而且每盒价格仅为 4000 元。随着格列卫药专利到期，印度公司仿制药每盒药价更是降至 200 元。这样，国内专利药与国外仿制药的渠道价差就高达百倍以上。陆某试服一段时间的仿制药后发现药效较好，遂将其推荐给国内其他患者,并为他们向 T_2 代购仿制药。之后,陆某因“销售假药”和“妨碍信用卡管理”等罪名被拘留。

此案曾一度引起关于法律与伦理之间应如何权衡的巨大争议,引发广泛关注。如果简单套用法律的规定,那么,未经审批的仿制药无疑属于“假药”,尽管其药效与“真药”基本无异。问题是,患者为了保命而“以身试法”是否应该制止?事件刚出现时,我们就曾断言,有关方面必将进退两难,最后难免“不了了之”。因为无法回答下述问题:(1)执法机构将患者拘留后是否要保证其按时服药?(2)若服药是选择“假药”还是“真药”?(3)进而,药费由谁负担?(4)如何对待人数众多的其他病友?可见,该案例反映出的是一个深层次的法律经济学问题,只靠简单僵化的法律思维是不可能给出完美的解决方案的。

在判定患者跳单是否违法时,应该对渠道价差和跳单行为的合理性予以考虑。根据跳单理论,当渠道价差大到一定程度,必然出现跳单行为,而且二者成正比变化。患者冒着生命危险和法律风险选择“海外代购”,是在面对巨大渠道价差时合乎经济理性的选择。就此案而言,这种巨大的渠道价差背后隐藏的主要跳单因素是专利费用问题。我们在处理以专利为代表的知识产权问题时,容易陷入简单化的“非此即彼”的“思维陷阱”:保护知识产权就要无条件保护,而不懂得对待知识产权应该坚持“保反兼顾”(既要保护知识产权,又要防止滥用知识产权)的原则。这就是“海外代购”跳单案例给予人们的重要启示和教训。赋予专利持有者一定的垄断所有权固然重要,但若造成过高的垄断价格并造成不必要的效率损失,就应该对专利所有者的垄断行为予以禁止。当然,执法机构很难确定合理的价格,也不宜轻易干预企业的定价行为。跳单存在的意义就是可以促进竞争并使价格趋于合理。从这个角度讲,简单武断地完全否定"海外代购"跳单行为显然是不合理的。

"海外代购"跳单一方面可以促进竞争,迫使专利药和仿制药的两种价格趋向统一的合理水平,逐步限制知识产权滥用;另一方面进口仿制药搭医院进口专利药的便车,确实也不利于技术创新和产品创新。当然,现实中,由于药品管理体制的原因,一些国产仿制药药商既不承担巨额研发成本(搭专利便车),又涉嫌滥用市场支配地位,结果造成药品价格过高(垄断高价)、缺少创新的"两害格局"(内害患者C,外害药厂B)。以格列卫为例,海外代购仿制药、国产仿制药与医院进口专利药三者间的价格比率大约为1∶10∶100。在这种情况下,跳单行为不仅不可能消失,而且应该肯定它的某些积极作用。

三、"弃联走宝"跳单与行政垄断

现实经济生活中,跳单行为可以轻易打破一些顽固的行政垄断,例如,在中国的银行卡支付清算市场中,银联曾利用央行特许形成了"一家独大"的市场垄断,后来逐渐被以支付宝、微信支付为代表的第三方支付打破垄断格局。第三方支付机构通过与商业银行直接对接,绕开银联清算通道,鼓励消费者“弃联走宝”跳单(即放弃银联渠道,选择支付宝、微信支付等第三方支付渠道)。银联因损失了结算费收入,曾对成员银行采取发文“恐吓”、限期整改、罚款等方式,试图限制“弃联走宝”跳单,以应对第三方支付机构的竞争。银联指责第三方支付机构属于“不正当竞争”,而第三方支付机构则指责银联涉嫌行政垄断。国务院反垄断执法机构也曾密切关注这一事件。下面根据跳单理论对此案进行分析,其中的反垄断执法与市场改革的政策意见也就逐渐清晰明朗了。

如图 7－3 所示,在“弃联走宝”跳单中,主要涉及收单银行(B)、发卡银行(C)及银联(T_1)和第三方支付机构(T_2)等“三类四方”行为主体。在第三方支付机构进入之前,收单银行(B)和发卡银行(C)之间的互联互通以及支付清算业务都由银联(T_1)提供,每笔交易的结算手续费按一定比例在三者之间进行分配。随着互联网行业和第三方支付机构的发展壮大,越来越多的银行(B 和 C)跳过银联(T_1)支付清算渠道,通过第三方支付机构(T_2)进行支付清算。这种“弃联走宝”的跳单,也是渠道价差的利益驱动使然,只是渠道价差的表现形式有所不同。在其他案例中,主动跳单者多为消费者,当然是趋向低价格渠道;而在“弃联走宝”案例中,主动跳单者主要是银行,它们选择趋向高收益渠道。

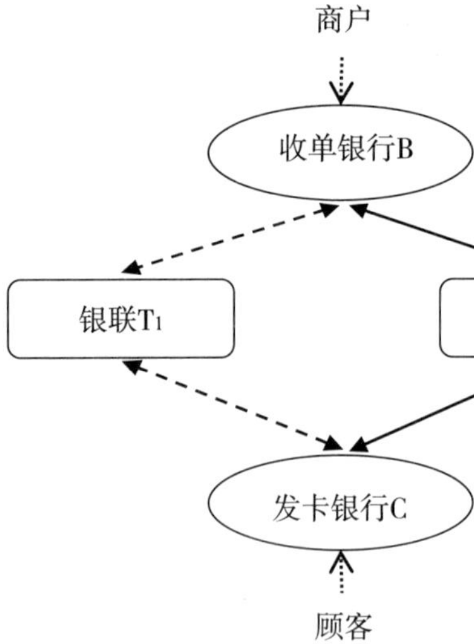

图 7－3 “弃联走宝”跳单示意

为了更清楚地说明“弃联走宝”跳单中的渠道价差，假设：r_1 和 r_2 分别代表 T_1 和 T_2 两个清算渠道的手续费费率，Q_1 和 Q_2 分别代表两个渠道的交易量。那么，银行选择 T_1 或 T_2 可获得的手续费收益分别为 $R_1 = r_1 \times Q_1$，$R_2 = r_2 \times Q_2$。$\Delta R = R_2 - R_1$ 决定着是否跳单及选择跳单可获得的收益。从单笔交易来看，根据 2012 年印发的《关于规范与非金融支付机构银联卡业务合作的函》提供的数据，在线上支付业务中，银行在与第三方支付机构合作中可获得的手续费平均费率仅约为 0.1%，低于选择银联渠道的平均费率 0.3%~0.55%。在平均费率 r_1 和 r_2 既定的情况下，银行是否选择跳单主要取决于两个渠道的交易量 Q_1 和 Q_2。随着互联网行业的发展，Q_2 很快超过 Q_1。第三方支付凭借低成本的网络经济优势，能为银行提供较多利益,这显然比银联系统更有吸引力,也就使越来越多的银行选择“弃联走宝”,从而获得更多收益。

显然,“弃联走宝”跳单造成银联业务量降低并直接损害其收益,但这也恰恰说明跳单具有促进银联和第三方支付机构之间竞争的作用。第三方支付机构通过发展创新性的线上支付业务,破除银联的垄断地位。原本位于垄断地位的银联明显缺乏这方面的创新动力,尽管此后银联也曾大力发展线上业务,却已很难与第三方支付机构抗衡,失去垄断地位也是大势所趋。当然,“弃联走宝”跳单也存在“搭便车”的问题。在银联发展的十余年里,它通过建立良好的品牌和银行标识代码(Bank Identification Number,BIN)管理,实际上也为中国银行卡业务及其互联互通作出了重要的贡献。而银行与第三方支付机构的合作正是建立在此基础上,也就是说,第三方支付机构其实是搭了银联的便车。从这个角度讲,银联限制“弃联走宝”跳单,排除第三方支付机构竞争似乎情有可原。银联自身利益受损,但不能从跳单角度提出诉求,否则只能“吃了亏还挨骂”。但这些因素并不能构成银联滥用市场支配地位的合理理由,有关法规政策也不能予以支持。

事实也的确如此,反垄断机构并未对银联涉嫌垄断进行深入调查和处理,因为“弃联走宝”跳单实质上抵消了银联垄断行为的负面效应,原有的行政垄断问题随着跳单的出现迎刃而解。后来,国务院等有关机构出台宽松政策,支持、鼓励银行卡支付清算市场的进一步竞争,从而打破了银联对银行卡支付清算市场的垄断。比如,中国人民银行在2013年发布《银行卡收单业务管理办法》,明确支持银行可与第三方支付机构进行直连。2014年,国务院常务会议决定放开银行卡支付清算市场,符合资格的境内外企业均可申请在境内设立银行卡支付清算机构。2017年,中国人民银行批准成立非银行支付机构网络支付清算平台(网联平台),进一步规范第三方支付机构的行为。这些举措显然符合"弃联走宝"跳单问题的研究结论,肯定了"弃联走宝"跳单的正面作用,顺应了市场竞争规律。但从跳单二重性的角度来看,对于银行和第三方支付合作而搭银联便车的问题,相关部门并没有给予明确回答。

四、"平行进口"跳单①与品牌授权

另一个典型的跳单现象是汽车销售领域的"平行进口"跳单,即客户先在4S店试驾体验,而后从平行进口商购车的行为。"平行进口"跳单也是对具有限制竞争效果的监管制度的"政策纠偏"。

中国汽车行业发展迅速,从"小汽车进家庭"的梦想发展到

① 对"平行进口"跳单问题研究的主要思想和基本结论已经被相关部门采纳。2014年,国家工商行政管理总局发布《关于停止实施汽车总经销商和汽车品牌授权经销商备案工作的公告》。2017年,商务部发布《汽车销售管理办法》,废除原《汽车品牌销售管理实施办法》。一系列文件的出台标志着实行十多年的汽车品牌授权模式已经被取消。本章基于当时情况,仍按《汽车品牌销售管理实施办法》的相关规定分析。后文同。

现在“车多为患”,其中还长期普遍存在的问题是,进口汽车整车价格大大高于国际价格,“零整比”极不合理。我们研究发现,不论当初出于什么政策目的,一开始就充满争议的《汽车品牌销售管理实施办法》以及由此形成的“品牌授权”(总经销商独家控制)模式难逃其责。其实质是把本应慎重对待的“制造商——总经销商——经销商”纵向关系,引向不利于竞争的纵向限制垄断结构,并使之“合法化”。可以说,“品牌授权”模式是致使汽车销售领域普遍存在维持转售价格等纵向垄断行为并助推整车价格和“零整比”居高不下的制度根源。

如今,随着汽车平行进口渠道逐渐开放,越来越多的客户选择从价格低廉的平行进口商处购买汽车。但是由于平行进口商的销售服务尚不健全,凭借价格优势以及巨大渠道价差的利益驱使,许多客户选择跳单,即在 4S 店体验试驾后以更低的价格从平行进口商购车。

如图 7－4 所示,B 代表国外汽车厂商,T_1代表汽车品牌经销商(主要指 4S 店),T_2代表汽车平行进口商,C 代表顾客。原先,顾客只能通过 T_1渠道购车,由于《汽车品牌销售管理实施办法》规定“同一汽车品牌只能授权一家总经销商”,T_1渠道的垄断程度很强,销售价格 P_1难免会居高不下。而在 T_2渠道放开后,其较低的价格 P_2在与 T_1渠道竞争中表现出明显的优势。两个销售渠道之间的价差率$[(P_1-P_2)\div P_1]$达到 15%～20%。在渠道价差的激励下,相当多的顾客(C)选择先在 4S 店(T_1)试驾体验,而后以更低价格在平行进口商(T_2)购买,即通过

“平行进口”跳单方式购车。在此过程中，T_1充当了“试衣间”的角色，被T_2“搭便车”。

从知识产权（主要是商标权）的角度看，是否发展平行进口渠道一直存有争议。但从竞争政策的角度看，平行进口渠道的开放以及跳单的出现对改善和促进汽车市场竞争具有显著的正面作用。普通进口车渠道是由品牌原厂（如宝马、凯迪拉克）授权的总经销商（如宝马中国、上汽通用）引进的车辆（通常在4S店销售），其特点是价格贵、税款高，不过质量及售后有保障。平行进口车的渠道则是未经品牌厂商授权，贸易商直接从海外市场购买并引入中国市场进行销售，其特点是绕过了总经销商、大区经销商、4S店等销售环节，省去了不少中间环节，因而价格竞争力强，比普通进口车价格一般低15%~20%。

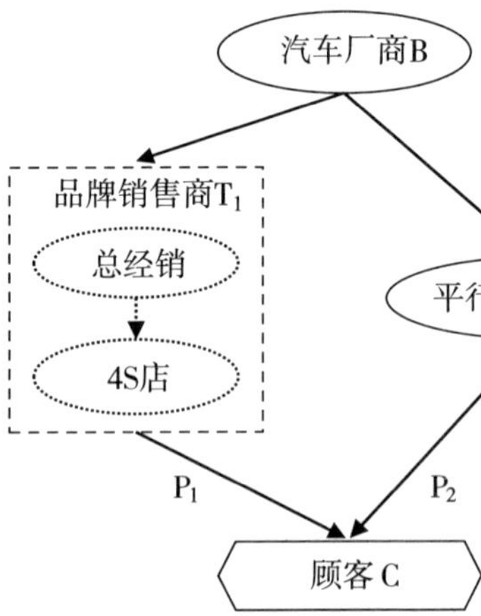

图7－4 “平行进口”跳单示意

根据跳单理论进行反向推论，汽车销售的国内市场与国际市场的价差如此之大，一定是存在某种障碍阻止了跳单行为。事实上存在的一些跳单途径有一定“歪打正着”的积极作用，但对降低汽车进口价格的影响有限。在现有的监管体制下，能够形成较大影响的就是“平行进口”。近年来，在我国每年约 100 万辆的进口汽车中，平行进口汽车占到 13% 左右。商务部等 8 部门在 2016 年发布了《关于促进汽车平行进口试点的若干意见》，鼓励和支持天津、上海等自由贸易区平行进口汽车市场的发展。政府部门出台相关政策鼓励“平行进口”跳单，这对改善汽车行业的市场竞争状况具有深远意义。

“平行进口”跳单的重要作用就在于提供了一个可以竞争的销售渠道，有助于促进原品牌销售渠道与平行进口渠道之间的竞争，从而削弱了基于《汽车品牌销售管理实施办法》形成的品牌授权模式所产生的垄断效果。当然，鼓励“平行进口”跳单的同时也应认识到，跳单不仅具有促进竞争的正向作用，同时也存在“搭便车”的问题。4S 店为购车者提供展示、试驾、体验等服务，却因跳单而未得到应有的收益，这也是一些 4S 店经营困难甚至退出市场的部分原因。总之，“平行进口”这种跳单行为可以倒逼原品牌销售渠道降低成本、改进服务，利用好其比较健全的服务体系，在与平行进口商竞争中发挥自己在维修保养方面的优势，从而提高汽车销售市场的整体效率，这也是跳单行为积极意义的真正所在。

本章参考文献

〔1〕于立、于左、田坤:《论中国药品价高之谜》,载《经济与管理研究》2007 年第 9 期。

〔2〕于立、吴绪亮:《保反兼顾、内外协调的知识产权政策》,载《中国工业经济》2010 年第 5 期。

〔3〕唐要家、唐春晖、管霞霞:《排他性单一品牌经销的汽车售后市场垄断化效应》,载《中国工业经济》2016 年第 9 期。

第 8 章 学术评价与咨政服务

对于国家自然科学基金项目这样的基础性研究项目,大体需要做好以下几部分工作:一是在申请时选择一个难度和范围都适当的新问题,并清楚地说明研究团队能够胜任;二是在获准立项后,应按照申请书的设计方案,认真并且深入地进行科学研究;三是在研究过程中对阶段性成果和重要发现进行必要的交流和发表;四是把应用性较强的成果推介给政府、企业和社会。本书第 1 章是项目申请书的核心内容,第 2 ~ 7 章代表项目目前为止的主要学术成果,而本章则是对申请书的评委反馈评语、学术界的评价以及竞争政策和反垄断法执行机构的咨政服务情况的总结。

一、评委意见反馈

2012年年初，我们以“跳单问题的B-T-C范式与应用”为题，向国家自然科学基金管理学部工商管理处申请“面上项目”，获批立项。管理学部反馈了会议评审和通讯评审专家的评价意见。其中，五位专家的评审意见如下：

专家1：本项目选题具有重要的理论价值和现实意义，创新性强，研究目标和技术路线明确，研究方案详尽、合理，经费预算合理。项目组成员职称、学历和年龄结构合理，能保证足够的研究时间投入，前期研究基础雄厚。

专家2：这个选题来自实践，来自我们身边的活生生的现实，因而十分有趣，也可从中抽象出一些有意义的理论。作者具有较好的理论功底，善于观察现实，并能够运用产业组织等理论，来解释和论证跳单问题及其背后的原因，并试图建立一种新的B-T-C范式，以补充原来的S-C-P范式的不足，这在理论上具有一定价值。作者前期具有丰富的积累，具有许多研究成果，因而能够在这些基础上继续扩展，取得新成果。

专家3：该项目试图对跳单问题的动因、机理与规律进行研究，并构建研究这一问题的B-T-C范式，选题具有一定的创新性以及较高的理论价值与应用价值。研究内容、研究目标设计合理，拟解决的关键科学问题明确，研究方法与研究路线选择得当,项目组整体研究能力较强,相关研究成果较多。

专家 4:此课题拟研究题目和角度非常新颖,具有很强的理论创新性和现实意义。这是一个值得资助的课题。跳单问题是一个非常具有现实意义的问题,而且司法机关也特别为之作出了判例。这一特殊的法律现象必须要结合产业组织理论进行研究,才能从学理上对此类现象进行全面而深入的考察。课题申请者正是做到了这一点,因此课题具有很强的理论原创性。与此同时,基于课题申请者较为扎实的理论功底,课题的研究能够对相关政策的研究和制定以及企业和消费者的行为提出合理的建议,同时对行政部门和立法、司法部门提出政策和执法建议。因此这一课题具有很强的实用性。本课题研究提纲非常详尽,逻辑性和可行性较强,课题研究者理论功底扎实,对于课题如何开展也有比较详细而具体的计划,课题能够成功完成的可能性较大。

专家 5:该项目的选题具有很强的创新性,既具有理论研究价值,又具有实践应用价值。该项目的立论依据正确、严谨。该项目的研究内容和研究目标清楚、明确,并且有创意,研究方法和技术路线恰当且合理可行。该项目申请者的科研能力与研究基础很强,项目研究组成员的研究方向也比较统一。建议优先资助该项目。

二、会议交流情况

研究期间，项目负责人及项目组成员就跳单问题的各项阶段性研究成果，多次在国际和国内学术研讨会上作主题报告或专题报告。于立教授曾就跳单理论及竞争政策和反垄断执法问题，先后到美国、加拿大、英国和我国香港地区等地的多所高校进行学术交流。研讨会的参与者和境外访学交流学者，既有经济学、法学和管理学等领域的教授，也有政府部门、司法机构和律师事务所的法务工作者。在交流过程中，研究提出的结论和发现不断得到修正、提升和传播。主要学术活动见表8－1。

表8－1　主要学术会议报告情况

时间	会议名称/举办单位	报告题目
2012.6.27	产业经济学与经济理论国际研讨会/山东大学	双边市场与跳单问题
2013.6.29	中国法经济学论坛/山东大学	租金结构与跳单问题——以家居销售行业为例
2013.7.23	反垄断法实施五周年座谈会/国家发展和改革委员会	“店选网购”跳单问题与反垄断执法——以图书行业为例
2013.8.10	“反垄断与规制经济学”学术研讨会/山东大学	“跳单问题”的法律经济学研究
2013.11.30	“中国·实践·管理”论坛/南开大学	商业模式与跳单问题

续表

时间	会议名称/举办单位	报告题目
2014.5.21	China Competition Policy Forum/国务院反垄断委员会	The Offsetting Theory of Jump-Dealing & RPM—AML Enforcement in China
2014.7.5	产业组织前沿问题国际研讨会/东北财经大学	跳单问题研究对产业组织理论的贡献
2014.11.20	名家论坛/浙江财经大学	跳单经济学导论：渠道价差、信息成本与租金结构
2015.1.19	全国首届“法律与经济”冬令营/天津财经大学	跳单经济学理论与案例分析
2015.9.23	“互联网与管理创新”学术研讨会暨中国企业管理研究会年会/东北财经大学	商业模式创新中的“跳单问题”——实体平台与网络平台的竞争关系
2016.5.13	Workshop on Antitrust and Industrial Organization/上海财经大学	The Offsetting Theory of Jump-Dealing & RPM
2016.10.15	中国工业经济学会年会	“店选网购”跳单问题的产业组织分析
2016.12.17	互联网行业格局与网络安全会议/中国人民大学	“网络跳单”的经济学分析
2017.12.13	The Lingnan University of Hong Kong	The Theory of Jump-Dealing and AML Enforcement in China
2015.5.6	The University of Florida	The Offsetting Theory of Jump-Dealing & RPM

续表

时间	会议名称/举办单位	报告题目
2016.8.9	The University of British Columbia	The Theory of Jump-Dealing and Case-Studies
2017.8.9	The University of Nottingham	The Economics of Jump-Dealing and Business Strategy

中国企业管理研究会于2015年9月召开了“互联网与管理创新”学术研讨会暨中国企业管理研究会年会。会上公布了第六届蒋一苇企业改革与发展学术基金奖评选结果,并为获奖者颁发证书,于立教授等在《中国工业经济》2013年第9期发表的《“店选网购”跳单问题的竞争关系分析——以图书行业为例》一文获得优秀论文奖。

对项目组的学术报告和跳单问题研究成果的评论,一些会议观点综述或会议讨论纪要多有报道,见表8-2。

表8-2 会议综述(纪要)对跳单研究的主要报道情况

序号	作者	题目	期刊	时间
1	石莹 苗妙 赵阳	《法学与经济学融合的加深——第十一届法经济学论坛综述》	《经济研究》	2013年第9期
2	于左 韩超	《产业组织理论前沿与竞争政策——2014年产业组织前沿问题国际研讨会综述》	《经济研究》	2014年第8期

续表

序号	作者	题目	期刊	时间
3	尹莉 刘国亮 臧旭恒	《产业经济学及相关领域的前沿问题研究——第七届产业经济学与经济理论国际研讨会观点综述》	《中国工业经济》	2012 年第 9 期
4	张伟 付强	《转型经济条件下的垄断结构、垄断行为与竞争政策设计——反垄断与规制经济学学术研讨会观点综述》	《中国工业经济》	2013 年第 9 期
5	胡望斌 杨坤	《实践导向管理研究的中国情境、文化背景与理论创新——2013“中国·实践·管理”论坛观点综述》	《管理学报》	2014 年第 4 期
6	刘凤芹	《从跳单到空合约:现代经济理论的一个进步》	《财经问题研究》	2017 年第 1 期

三、专家专文评论

2016 年 7 月 8 日,教育部重点研究基地——东北财经大学产业组织与企业组织研究中心和经济学院联合举办了高端经济学论坛。于立教授就“跳单与RPM互克理论及其反垄断应用”作了专题报告，并与复旦大学韦森教授，浙江大学熊秉元教授，华南农业大学罗必良教授，中山大学王则柯教授，辽宁大学李平教授，中国社会科学院詹小洪研究员，东北财经大学王维国教授、王询教授、卢昌崇教授等进行了深入的学术交流。

会后，东北财经大学刘凤芹教授以《从跳单到空合约：现代经济理论的一个进步》为题，专门撰文对跳单问题作出全面深入的评论。刘凤芹教授的主要评论如下：

于立教授等的新发现——跳单问题及其解释是现代经济理论的一个进步，是值得庆贺的。

他们的贡献首先是发现了在经济行为中广泛存在的各种跳单现象，如“中介选弃”跳单、“店选网购”跳单、“租少售多”跳单、“平行进口”跳单等，其研究成果对经济学理论有很好的补充和完善作用。比如，在互联网进步的今天，网商借助互联网成本优势对实体店商形成巨大冲击，并造成实体店商大批关闭。网商一方面利用互联网的优势，另一方面又搭上店商的便车，将实体店当作“试衣间”，与顾客“合谋”强占销售市场。这种跳单行为一方面促进了竞争，另一方面也存在“搭便车”的问题，即跳单具有“二重性”。所以，对跳单行为，既不能简单肯定，也不能简单否定，多数情况下应该“合理推定”。

于立教授等通过对“租少售多”跳单与租金结构关系的研究，促进了“租金理论”的发展。原有租金理论的一般结论是，不考虑经营风险时，“固定租金结构”较有效率；而考虑经营风险时,“分成租金结构”较有效率。他们的新发现是,分成租金结构容易引发跳单,这对被跳单方构成跳单风险,而在考虑到跳单风险后,原有的“最优租金结构”需要进行相应的修正,由固定租金结构或分成租金结构提升到更复杂的“混合租金结构”,并进一步提出了“激励性租金结构”的新理论问题。

根据跳单问题的研究成果,特别是跳单与纵向限制互克理论,我们需要重新审视市场失灵和反垄断执法中的一些看法、观念和习惯做法。因为有时市场可以自行修正和完善,政府不合时宜的介入反而会适得其反,这也是跳单理论及其成果对广义的竞争政策实践作出的值得关注的贡献。

四、咨政服务点滴

项目负责人作为国务院反垄断委员会专家咨询组成员,在涉及纵向市场限制和价格垄断案件及其竞争政策的讨论和执法咨询中,多次根据跳单问题的研究成果和结论,为国家发展和改革委员会、国家工商行政管理总局①、商务部等反垄断机构和法院系统提供执法意见。

例如,在近年来参与的对图书行业的“图书限折令”问题、

① 2018 年 3 月,根据第十三届全国人民代表大会第一次会议批准的国家机构改革方案,将国家工商行政管理总局的职责整合,组建中华人民共和国国家市场监督管理总局;将国家工商行政管理总局的商标管理职责整合,重新组建中华人民共和国国家知识产权局;不再保留国家工商行政管理总局。

第三方支付中的“弃联走宝”问题、互联网行业的“网络跳单”问题、电信行业的“纵向限制”问题、医疗器械和药品价格中的“纵向垄断”问题、软件行业的“垄断与盗版”互克问题、《反垄断法》与《合同法》之间的“衔接与适用”问题等的执法实践中,跳单理论都曾派上用场。

另外,基于跳单问题而提出的B-T-C研究范式有利于确立法律经济学的思维模式,在有关价格垄断的执法指南制定中产生了积极的作用,并将在以后的反垄断执法工作中继续发挥作用。在与美国、加拿大、英国和我国香港地区的反垄断法以及竞争法学界和司法界的交流中,部分学者和法官对“跳单与维持转售价格互克理论”及执法实践也产生了极大的兴趣,并给予了密切的关注。

附录 1

Effects of SBWP Jump-Dealing on China's Book Market from the Perspectives of Competition and Antimonopoly①

Abstract: With the rise of the Internet and E-commence, it has become common for consumers in the book, clothing, electronic appliances, furniture and cosmetic industries to engage in a phenomenon termed "store-browsing-web-purchasing" (SBWP). These are customers who tend to acquire service and information about particular products at traditional (brick and motar) retail stores but purchase them online at a lower price. This creates new issues and new perspectives to

---

① 本文中文版《"店选网购"跳单问题的竞争关系分析——以图书行业为例》,首次发表于《中国工业经济》2013 年第 9 期。为了更好地传播中国的经济学研究成果,中国社会科学院的《中国经济学人》编辑部将其译为英文,发表于 *China Economist*, 2014, Vol. 9, No. 1。The authors are Yu Li, Xu Honghai and Feng Bo.

Project Funding: National Natural Science Foundation of China "The B-T-C Paradigm and Application of Jump-Dealing Problems" (71272190).

the science of law and economics. This paper addresses the issue of SBWP based on the industrial organization theory (especially the vertical dual-pricing system). It then endeavors to demonstrate the three "jump-dealing" theorems of SBWP from analyzing the business models, consumer purchasing patterns and price differences in distributing channels. Furthermore, we extrapolate the theory of jump-dealing and resale price maintenance (RPM) offsetting based on previous findings. The main conclusions are the following: if a company's RPM strategies substantially eliminate competition, then jump-dealing behavior from consumers should be encouraged. Conversely, if this jump-dealing behavior from consumers brings about anti-competition and free riding problems, then a company's RPM strategies should be exempted.

Key words: store-browsing-web-purchasing (SBWP), jump-dealing, price difference in distributing channels, free-rider, resale price maintenance (RPM)

JEL Classification: L42, L81, M21

1. The Internet's Three Levels of Impact on the Book Industry and Jump-Dealing

The emergence and development of the Internet has had far-reaching effects on many industries around the world, some of which have been fundamentally altered. This is especially true in the book industry. Although the present study was conducted on China's book industry, its analysis and conclusions can serve as references for numerous industries all over the world, such as fashion, electronics, electrical appliances, home products and cosmetics. According to its extent and range, the impact of the Internet on the book industry can be divided into three levels in descending order (See Figure A－1).

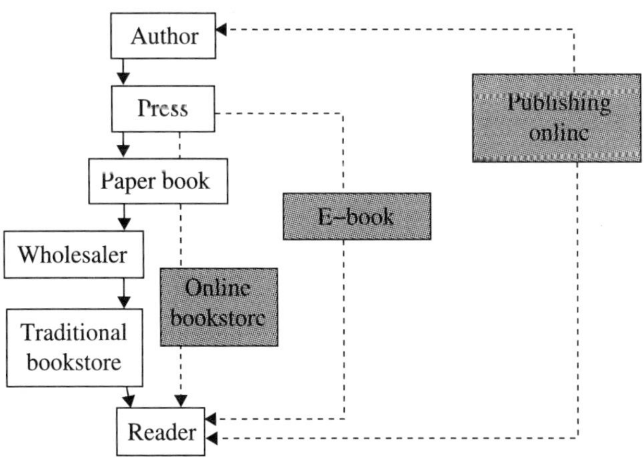

Figure A－1 The Internet's Three Levels of Impact on the Book Industry

The first level is the impact of "online writing and publishing" on the traditional editing and publishing system. The concept of "online writing and publishing" mainly refers to new ways of writing that utilize the Internet as the medium of publishing. Its main representatives are literary microblogs and networks. Publishing as well as reading could be accomplished online directly. Weibo (which means micro blog) and Wechat (China's Facebook-like service) have also become online platforms that enable individuals to make personal observations and interact with fellow readers. Compared with the traditional editing and publishing system, online writing and publishing could to a great extent evade China's publishing policies, e.g., strict access control, ISBN assignment and content censorship. Furthermore, it could bypass several steps that conventional paper books have to go through, from editing and publishing to wholesale and retail. More importantly, Internet-based information dissemination could reach a larger audience with greater speed, more interaction and a higher degree of freedom. Considering the cultural atmosphere and social characteristics of current China, the result could be a great shock with far-reaching ramifications.

The second level is the encroachment of e-books on paper books. With the rapid development of Internet technology in recent years, e-books and e-journals have become widely accepted, especially among young readers. This occurrence exhibits several major features: 1) Most e-books can be downloaded free or at a low price. Reading devices such as e-book readers, smart phones and tablet computers are extremely convenient, which compounds the impact of e-books on paper books. Admittedly, these "free lunches" are suspected to infringe at times on the intellectual property rights of the authors. 2) The usage rate of electronic academic journals is growing very rapidly. Currently teachers and students in universities are almost only reading e-journals. 3) Although paper books have relatively steady readers, demand for paper books is growing slowly and at the same time the market share of paper books is limited and declining.

The third level is the impact of online bookstores on traditional bookstores. In recent years, online book retailers such as DangDang, Amazon China, and JD. COM have grown rapidly. With their advantages of lower prices, a complete range of products and timely delivery, online bookstores bring impacts on conventional bookstores in two ways. First, consumers buy books directly online, referred to as "Web-Browsing-Web-Purchasing" (WBWP) (direct impact). Second, consumers browse in the traditional bookstores but purchase online, which is known as "Store-Browsing-Web-Purchasing" (SBWP) (indirect impact). According to the *Data Analysis Report of Online Books Purchased in March* 2013 delivered by the China Electronic Commerce Research Center, as many as 60% of books are purchased online in

China, including 44% through direct online shopping, and 16% through SBWP, only 38% of books are purchased through "Store-Browsing-Store-Purchasing" (SBSP) (see Figure A-2). According to the survey of *Consumer Reports* in December 2012, American consumers purchased 18% of electronic goods through SB-WP, similar to the proportion of Chinese consumers purchasing books in this manner. As a consequence of the direct and indirect impacts, many traditional bookstores went bankrupt, experienced business slow downs, or were forced to reform their business structure. This phenomenon is not unique in China. Many other countries around the world face a similar situation.

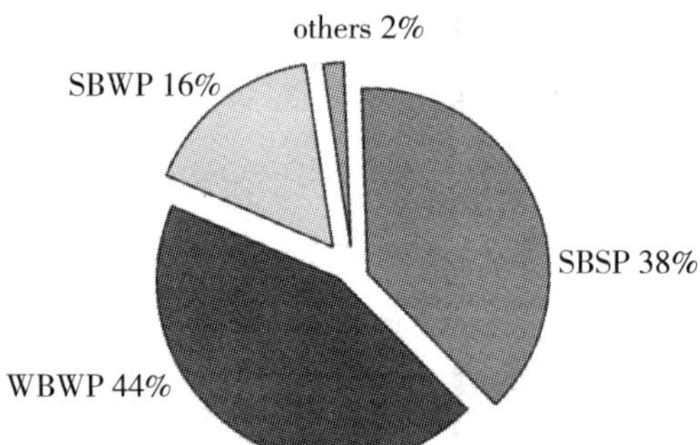

Figure A-2　Scale Map of Book Purchasing Patterns

Source: China Electronic Commerce Research Center: *Online Books Purchased in March* 2013 *Data Analysis Report.*

Also known as "run-dealing" or "leak- dealing" in China, or as "showrooming" in U. S. , SBWP is a typical act of jump-dealing and generally refers to the behavior that two parties conduct a business deal in collusion with each other which had formerly been a tripartite transaction process. Generally, the collusion involved two parties get benefit, while the third party get loss. The first guiding precedent that China's Supreme Court published in 2011 in a jump-dealing case involved an "intermediary contract" (Yu and Feng, 2012). SBWP in the book industry discussed in this article, together with "hospital diagnosis/drugstore purchasing" in the healthcare industry and "rent less/sales more" in hypermarket, are all typical instances of jump-dealing.

This triple impact has impacted not only traditional bookstores, but all aspects of the conventional book industry. These trends have led to heated discussions among the Chinese government, industries, academia and news media. The most prominent view is to restrict price discounts by legislation and thereby eliminate price wars and provide for the continued existence of traditional bookstores. For example, in 2010, the China Publishers Association, China Book Distribution Industry Association and China Xinhua Bookstore Association jointly issued *The Provision of Fair Book Trade*. It specifies that upon entering the retail market and for their first year after publication, books should be sold at the actual, marked price and when they are sold through online bookstores, the books' maximum discount rate should not be higher than 15%. The above rules are resale price maintenance (RPM) in nature. The RPM behavior belongs to the conduct of excluding and restricting competition according to antimonopoly laws, which itself is suspected to be illegal. It is out of this consideration that the National Development and Reform Commission (NDRC) put a stop to the execution of this provision and required further modifications. Although the NDRC agreed that these three associations could alternatively draft the *Regulation on Exemption of Vertical Agreement on the Distribution of Newly Published Books*, actual market competition results showed that the effect of the provision would be limited even if it could had been carried out. In addition, the legality and rationality of the provision require further study.

2. Analysis of Vertical Competition in China's Book Industry

From the perspective of vertical industrial organizational relationships, China's book industry could be divided into three sectors: the upstream (editing and publishing), the midstream (wholesaling) and the downstream (retailing). These sectors correspond to aspects of publishers and printers, wholesalers, and retailers (including traditional stores and online stores). When analyzing and evaluating the operational difficulties and general decline of traditional bookstores in the retail sector, we should not only focus on the sector, but also take into account the competition and monopoly of every sector from a vertical perspective.

2.1 Analysis of the Vertical Industrial Organizational Relationship in the Book Industry

(1) Editing and publishing in the upstream sector. In this sector, China is implementing strict access control and ISBN assignment, which is typically an administrative monopoly. China currently has less than six hundred publishers, while the EU has thousands, and the U. S. has tens of thousands. From the perspective of industrial organization, the actual access entry barriers for publishers are not high, with limited economies of scale. It is a more suitable environment for small and medium-sized businesses to operate. Logically, even universities can establish presses. These institutions typically have a low cost in requisitioning and editing their academic work, thereby easily breaking the monopoly of publication and distribution. In reality, ordinary book authors, especially academic treatise authors, have an extremely limited capacity in negotiating remuneration and copyright protection, especially considering the strong monopoly in publication. Some of them are even forced to buy ISBN assignment.

(2) Wholesale in the midstream sector. In the past, books were published by established presses and distributed uniformly by Xinhua Bookstore. In 2011, the General Administration of Press and Publication and the Ministry of Commerce issued the *Regulations of Publications Market*, permitting private bookstores, on-

line bookstores and foreign-invested enterprises to distribute books, but only after strict administrative approval. To date, there are approximately 100 main distribution firms in China; with only a dozen private distribution firms, it creates a serious lack of competition. Moreover, the Xinhua Bookstore still monopolizes on distributing school textbooks.

(3) Retail in the downstream sector. Before the advent of online booksellers, especially private ones, traditional bookstores could maintain the unified resale prices labeled on the back cover of books and obtain monopoly profits due to the lack of horizontal competition. With the entry of private booksellers and the emergence of e-commerce, monopoly profits have gradually diminished. Lower prices, which are brought by online booksellers' cost effectiveness, made the traditional bookstores' RPM policy unsustainable. Competition in the retail sector is growing stronger. There are two active factors, the first of which is direct online shopping (44%) and the other is SBWP (16%). While traditional booksellers often claim to be victims of the Internet by being forced to become the "fitting room" of the online booksellers, the real impact of online booksellers on the traditional booksellers is the inevitable result of competition, with the major impact arising from direct online shopping.

2.2 "Vertical Dual Pricing System" of the Book Industry

According to the "vertical dual pricing system" theory (Yu, 1992; Yu and Wang, 2008), the structure of China's book industry is the major cause of the problems in the retail sector; to wit, administrative monopoly in the upstream, a lack of competition in the midstream and intense competition in the downstream. The inverse pattern can be seen in the electric power industry, namely intense competition in the upstream, lack of competition in the midstream and monopoly in the downstream. For the book industry, the vertical competition changes from weak to intense (while the monopoly transforms from strong to weak). For the electric power industry, the vertical competition changes from intense to weak (while monopoly changes from weak to strong). The book and electric power industries equally suffer from vertical price distortion. Both change tendencics belong to the concept of vertical price relationships distortions (see Table A-1).

Table A-1 Comparison of Vertical Dual Pricing Systems

Type	Upstream	Midstream	Low stream	Notes
Competition changes from weak to intense (while the monopoly changes from strong to weak): e.g. book industry	Strict access control and ISBN assignment, administrative monopoly	Uniform distribution; lack of competition	Traditional stores are rigid and passive; online stores are developing; fiercely competitive	1. SBWP jump-dealing is under discussion 2. Whether RPM is legal is not determined

Continued table

Type	Upstream	Midstream	Low stream	Notes
Competition changes from intense to weak (while monopoly changes from weak to strong): e. g. electric power industry	Electric coal companies are competing fiercely	Electric power companies lack of competition	National Grid monopoly	1. Lack of competition for power-generating companies. 2. Controversy on "natural monopoly" of National Grid

The "vertical dual pricing system" – monopoly pricing in the upstream (due to administrative monopoly) and market pricing in the downstream (due to competition) – not only leads to a distortion of the retail price, but also results in unreasonable distribution of the interests across all sectors in the book industry. Publishers maintain a stable fat profit, while intellectual property protection of authors is insufficient, and retailers only obtain a meager margin. A large number of bookstores suffered operational difficulties and some even went bankrupt. Among them, the Xinhua Bookstore could have obtained a strong competitive edge in the downstream retail sector relying on their advantages in book distribution (such as school textbook monopoly); the main cause of its loss lies in the aging of its operating mechanism, overstaffing, conservatism in business strategy, and a lack of customer service consciousness. The vertical dual pricing system and price distortion in the book industry have led to significant actual and potential "social welfare deadweight loss". The impact of online booksellers (both direct and indirect) served merely as the last straw.

After clarifying the vertical relationship in the book industry, we can concentrate on the competition in the retail sector. There are three types of competition. The first is the competition between traditional booksellers and online booksellers. It is horizontal competition on the surface, but vertical differential competition in essence. For example, differentiation between traditional booksellers and online booksellers lies in the variety of goods, experience of goods, delivery service, convenience, etc. There are many jump-dealing and free-rider problems in this type of competition. The second is competition among traditional booksellers. The third is competition among online booksellers. These latter two types are considered as horizontal competition among peers with almost no jump-dealing and free-rider problems (see Table A-2).

Table A-2　Comparison of the Three Competition Patterns

Competitors	Jump-dealing	Free-rider	Vertical competition	Horizontal competition
Traditional vs. online store	⊙	⊙	⊙	⊗

continued table

Competitors	Jump-dealing	Free-rider	Vertical competition	Horizontal competition
Traditional vs. Traditional store	×	×	×	⊙
Online vs. online store	×	×	×	⊙

Note: ⊙is for existence, ×is for non-existence, ⊗is for both, similarly hereinafter.

Before the arrival of online booksellers, the Xinhua Bookstore had been a monopoly in the relevant market for a very long time, without any SBWP jump-dealing problem. The second type of competition (competition among traditional bookstores) is becoming increasingly fierce. Other than some small bookstores, the chain bookstores like Eslite and PAGE ONE also have formed their own distinctive brand features. In the third type of competition (competition among online booksellers), online booksellers have gradually formed their own characteristics as well. As no significant jump-dealing and free-rider problems exist in the latter two types of competition (i. e., competition among traditional booksellers and among online booksellers), this article focuses on the causes and rules of the SBWP jump-dealing issue in the first type of competition-competition between traditional and online booksellers.

3. The Jump-dealing Issue in the Book Retail Sector

Competition between online and traditional booksellers in the downstream retail sector is the key point of this article; the reason is that jump-dealing in this sector is common. The questions therefore arise: what economic rules exist behind jump-dealing and free-riding in the book industry? How should we solve this problem? What are the main factors that affect customer jump-dealing? We made the following analysis from three perspectives: business models, customer purchasing patterns and price difference in the distributing channel. We have attempted to reach a conclusion based the three theorems of jump-dealing.

3.1 Comparison of Business Models

The emergence of online booksellers has caused new types of competition and new market structure in the retail sector of the book industry. It appears in such a combination model as two types of enterprises (traditional and online booksellers) in 3 types of business models (duopoly, merger and mixture), or 2 × 3. (See Table A – 3)

Table A – 3 Comparison of the Three Types of Operational Patterns

Business Model	Jump-dealing	Free-rider	Specialization	Integration
Duopoly	⊙	⊙	⊙	×
Merger	×	×	×	⊙
Mixture	×	×	⊗	⊗

Business model 1-Duopoly: traditional and online booksellers operate independently and compete with each other. They are engaged in the store and online sales business respectively, pursuing economies of specialization rather than economies of integration. Customers choose the means of purchase according to product characteristics and prices, which are SBSP, WBWP or SBWP. If customers choose SBSP or WBWP, what traditional booksellers face is a direct low price impact instead of jump-dealing or free-rider problems. If customers choose SBWP, free-rider external problems would emerge, leading to an indirect low price impact on traditional book sellers. The direct impact is the result of normal competition and traditional booksellers must simply accept it. For the indirect impact, however, the traditional booksellers should have reasonable demands; compensation on externalities should be considered.

Business model 2-Merger: The originally independent traditional booksellers merged with online booksellers and became a newly combined enterprise. In this case, it does not matter for the combined business which channel the customers choose to purchase from, because after the merger, externalities between traditional and online booksellers become internalized so as to eliminate jump-dealing and free-rider problems. However, in the merger mode (also the following mixture mode), internal jump-dealing would still exist between the store sales business and online sales business in the combined enterprise, as long as the price difference remains too high. This, however, is no longer a free-rider problem between enterprises, as corporate headquarters can easily deal with it through internal accounting. The disadvantage of the merger pattern is that while economies of integration is obtained, the economies of specialization based on division of labor would be eliminated altogether. Moreover, this vertical integration is likely to enhance the market power of related enterprises, so that the anti-monopoly authorities should take it seriously.

Business model 3-Mixture: traditional and online booksellers remain independent companies, but implement a mixed operation of store and online sales. Theoretically, the distinctions between traditional and online booksellers may, to some extent, no longer exist when this hybrid pattern is developed. However, in reality, most traditional booksellers still place store sales as their principal business and online sales as a supplement, while online booksellers place online sales as their principal business with a small amount of store sales. In short, there are both economies of integration and specialization in the mixture pattern. Then, although jump-dealing and free-rider problems cannot be eliminated completely, they can be radically eased.

By comparing the characteristics of the three business models and analyzing jump-dealing issues, we could find that duopoly and merger patterns are actually two extreme cases, whereas the mixture pattern lies somewhere in between. In the conversion process from the duopoly to the merger pattern, the degree of integration is gradually increased while the degree of specialization is gradually weakened, and jump-dealing would be gradually reduced accordingly. We concluded that:

Theorem 1 of jump-dealing: *ceteris paribus, the more specialization (or less integration) of traditional and online booksellers, the more jump-dealing and free-rider problems; and vice versa.*

3.2 Comparison of Purchasing Patterns

From the customers' perspective, there are three purchasing patterns for them facing the competition between traditional and online booksellers in the downstream retail sector of the book industry, namely SBSP, SBWP and WBWP. When customers are about to choose how to buy books, several factors-e. g., price/features of the goods, pre-purchase/after-sale service and risks of purchase-can influence their decisions. These factors can be divided into two categories: price factors and non-price factors. First, we evaluate the impact of non-price factors on the consumer purchasing patterns or jump-dealing. Non-price factors can be subdivided into personalized needs and experience service needs. Personalized needs include book binding, cover design, order of version, premiums or peripheral products, and author signings. Experience services include book promotion, preview, store atmosphere, exchange or refund services. Of course, the risk of purchase is also a non-price factor influencing purchasing patterns; however, this factor needs not be considered here, due to the fact that the quality of books from online booksellers is usually highly guaranteed (See Table A-4).

Table A-4 Comparison of Three Purchasing Patterns

Purchasing pattern	Jump-dealing	Free-rider	Personalized needs	Experience service needs
SBSP	×	×	⊙	⊙
SBWP	⊙	⊙	⊗	⊗
WBWP	×	×	×	×

Purchasing pattern 1-SBSP: customers go to the traditional bookstores, choosing and experiencing, and ultimately purchasing in the bookstore. Bookstores are not only able to display books, provide premiums and organize author signings, but also provide advice and recommend books with professional staff. In addition, they provide a convenient area for preview and create a pleas ant reading atmosphere. The SBSP purchasing pattern could meet customers' personalized demands and enable customers to obtain a relatively complete service experience. Thus, it becomes the preferred pattern for customers who value personalized goods and service experience. In this purchasing pattern, customers complete the choosing and purchasing process in the traditional stores, so that no jump-dealing and free-rider problems occur. Data shows that 38% of book purchases are still by the way of SBSP. If the traditional bookstores can take advantage of what they uniquely offer, carry out characteristic operation, satisfy the personalized needs of customers and offer experience service, they can continue to play a role in the battle between traditional and online booksellers.

Purchasing pattern 2-SBWP: customers choose and experience in the traditional bookstores, but eventually purchase online. This pattern includes two stages: selection in the traditional bookstores and purchase online. In the selection stage, customers could get the free services from traditional bookstores like pre-sale consulting and preview and satisfy their personalized demands for book design and version differences. In the online purchase stage, they can obtain lower cost benefit. In reality, customers who choose SBWP usually have less demand for personalized goods and experience services, and pay more attention to the price factor. This SBWP pattern will inevitably lead to jump-dealing and free-rider problems, which at times can be very serious.

Purchasing pattern 3 – WBWP: customers complete the entire purchase process online. There are two features of WBWP.

The first one is low prices. According to our survey, the rate of price difference between traditional and online booksellers is about 20% –40%. The second one is that WBWP is suitable for goods with a high degree of standardization such as books. Data show that direct online purchases have had the largest impact on the operation of traditional bookstores; 60% of books are purchased online, in which two-thirds are from direct online purchase. As the selection and purchase process are all completed online, there are no jump-dealing and free-rider problems in the WBWP pattern.

Through the above comparative analysis of the three purchasing patterns, we can conclude that:

Theorem 2 of jump-dealing: *with a certain constant price, customers (38% of the total customers) who value personalized needs and experience services are inclined to choose SBSP; customers (44%) who prefer standardized needs and convenient services are inclined to choose WBWP; those (16%) who are somewhere in between are inclined to choose SBWP. The jump-dealing problem only occurs in the SBWP pattern.*

3.3 Analysis of Price Difference in Distributing Channels

When other factors are constant, price becomes the key factor affecting consumer choice. This section focuses on the relationship between price difference in distributing channels and SB-

WP jump-dealing.

Our project team conducted a survey in July 2013, concentrating on the price difference in distributing channels and the rate of price difference between traditional and online booksellers. As the survey indicated, in several representative commodity groups of the book industry, prices of online booksellers are mostly 20%-40% lower than that of traditional booksellers in book industry.

Assumption: P_w represents the wholesale price of books (prices in similar markets are usually the same); P_s represents the retail price of traditional bookstores; P_o represents the retail price of online bookstores; C_s represents the price mark-up of traditional bookstores; C_o represents the price mark-up of online bookstores; π_s represents the unit profit of traditional bookstores; π_o represents the unit profit of online bookstores. Therefore we concluded:

$$P_s = P_w + C_s + \pi_s \quad (A-1)$$

$$P_o = P_w + C_o + \pi_o \quad (A-2)$$

Under normal competition, the profit of traditional and online bookstores should be roughly the same, that is to say, $\pi_s \approx \pi_o$. According to equations (A-1) and (A-2), the price difference in distributing channels is:

$$P_d = P_s - P_o = (P_w + C_s + \pi_s) - (P_w + C_o + \pi_o) \approx C_s - C_o \quad (A-3)$$

Therefore, the rate of price difference can be defined as follows:

$$R_p = \frac{P_s - P_o}{P_s} = \frac{P_w + C_s + \pi_s - P_w - C_o - \pi_o}{P_s} \approx \frac{C_s - C_o}{P_s} \quad (A-4)$$

We can conclude from formula (A-4) that the rate of price difference mainly depends on the difference between the price mark-up of traditional booksellers (C_s) and the price mark-up of online booksellers (C_o). From the perspective of consumers, the above analysis does not consider the transportation costs (customers' transportation costs to and from the traditional bookstores and freight cost of online shopping). But in reality, most online shopping is freight free. From the perspective of booksellers, the price mark-up of online booksellers must be very low, if not negligible, based on the rate of price difference that is believed to be 20% - 40% lower. The main factor affecting the rate of price difference is general storefront costs, which includes property costs, store rent, labor costs, inventory costs, taxes and other cost factors. But according to the theory of industrial organization, the addition of these costs may not gain acceptance by the market, unless the company is in a monopoly role in that market. Herein lies the crux of the problem. We take the Xinhua Bookstore as an example. The real estate of most stores is their owned property, so rent is not a consideration and in addition, opportunity cost is rarely considered. Some components of their labor costs are the welfare of retired employees, which should be considered as a burden on social security, but which are no concern to online booksellers. The Xinhua Bookstore has franchise privileges in the distribution of textbooks for primary and secondary schools. According to our investigation, 90% of the operating profit of the Xinhua Bookstore is from the operation of primary and secondary school textbooks, which can make up for the cost of the social burden. As can be imagined, the Xinhua Bookstore's business would be more difficult if not for this exclusive advantage on the textbooks. Anyway, the rates of price variance between traditional and online booksellers should not be as huge as 40%.

Under certain conditions, when the price of online booksellers is significantly lower than that of traditional booksellers, consumers are prone to jump-dealing. Therefore, we concluded:

Theorem 3 of jump-dealing: *SBWP is the necessary condition for jump-dealing, and the significant price difference in distributing channels is the sufficient condition for jump-dealing. When other conditions (non-price factors) remain unchanged, the rate of jump-dealing is proportional to the rate of price difference.*

Summarizing the above three theorems of jump-dealing, we can draw an overall conclusion that the SBWP jump-dealing problem has its duality. On the one hand, it is the impact of online booksellers on traditional booksellers, but in actuality it is the efficiency or cost savings brought about by e-commerce. On the other hand, the interests of traditional booksellers are trespassed upon by online booksellers through the process of consumer jump-dealing. However, first, this trespass has limited influence on traditional booksellers, because the main impact is from direct online shopping. Secondly, even if there were no competition from online booksellers, the traditional bookstores can maintain relatively high prices and high profits, which is against the law of antimonopoly. Generally speaking, the impact of online bookstores on traditional bookstores is a reflection of the effects of competition. The direct impact could promote competition in the market and improve the efficiency of the industry, which is in line with the laws of technological progress and economic development. Only the indirect impact carries a negative side. For the direct impact, traditional bookstores have no choice but to face reality and comply with the law. They can either exit from the competition or try to deal with it. For the indirect impact, though worth sympathy, it is neither legitimate nor reasonable trying to restore the original situation through legislation. Traditional booksellers should adopt the mixture or merger business model and diversify business strategy so that their passive posture be altered. They should enter into online business or other business, rather than attempt to gain legislative assistance using the excuse of being "public welfare".

4. Law and Economic Analysis of RPM in Book Industry

In China's current book market, the traditional booksellers and their spokespeople tend to accuse the online booksellers of "arbitrarily giving discounts and competing viciously" and call for a ban of all online book stores by the authorities. This declaration is in fact implausible and is suspected of being illegal. We would suggest a jurisprudential analysis and economic review of the declaration be conducted based on the relevant clauses about Resale Price Maintenance in the *Antimonopoly Law*.

Resale price maintenance (for example, a supplier specifying the minimum/maximum/fixing price at which the product must be re-sold to customers) - RPM in short - is a plausible strategy of business as well as an important issue in antimonopoly economics. Currently it stands out in China's book market. On August 1st, 2013, at the 5th anniversary of the *Antimonopoly Law of the People's Republic of China*, the case of *Sharp Bond v. Johnson & Johnson* was decided by the Higher People's Court of Shanghai Municipality. It was the first representative case in this field in China, which confirmed that RPM in this instance was a kind of vertical monopoly prohibited by the *Antimonopoly Law*. This case can be used as a reference in the book industry.

Viewed from the legal perspective, RPM actions are mostly

"per se illegal". However, according to economic researchers, RPM can produce both positive effect (promoting competition) and negative effect (restricting competition) at the same time. The per se rule seems so mechanical and so harsh (Huang, 2012) that it may suppress the competitive dynamics RPM could bring to the market. Therefore, we should view RPM's legality and rationality from a perspective of law and economics. Regarding RPM, the "Rule of Reason" in the U. S. and the "Principle Illegal, Exceptions Exempt" of the EU are the most typical guidelines of law execution. In the U. S., the *Leegin v. PSKS* case (Leegin Creative Leather Products, Inc. v. PSKS, Inc., dba Kay's Kloset... Kay's Shoes, 551 U. S. 877, 2007) established the principle that RPM would be treated under the rule of reason. In the EU, the principle about RPM appeared in Article 81 of the convention on the European Union; in it, Item 1 follows the "illegal in principle" doctrinc and Item 3 corresponds to the "exempt exceptions". In fact, these two ways of U. S. and EU are essentially identical. China adopts mostly the EU rule of "illegal in principle, exempt exceptions" (Xu, 2011).

China's *Antimonopoly Law* Article 14 "prohibits the resale of goods to a third party in a fixed price" (belonging to the "illegal in principles" category - author's note) and it Article 15, "vertical monopoly behavior can be exempted if it aims at improving quality, increasing efficiency" (belonging to the "exempt exceptions" category-author's note). Traditional bookstores' demands apparently belong to the RPM behavior, but it is difficult for them to use "improving the quality" and "increasing the efficiency" as excuses for exemption. There is a clear price tag on the book's back cover in China, which in itself is illegal in some countries, and also inconsistent with China's *Antimonopoly Law*. However, due to the fact of the prevalence of large discounts, this RPM seems completely useless on the surface with very limited effects. Interestingly, there are many phenomena that are not corresponding to their name in China's economy, so that some of the incorrect ideas and policies in fact have limited negative effect accordingly. It is one of many noticeable characteristics of China's economy (Yu and Feng, 2013).

In a more general sense, we present a new theory of industrial organization that deserves more in-depth study and is referred to as the "jump-dealing and RPM offsetting theory". According to this theory, consumer jump-dealing and the RPM strategy of companies are in contrast with each other in vertical competition. That is to say, under certain conditions, jump-dealing could aid in eliminating the RPM's effect in restricting competition. In turn, RPM also tends to deter jump-dealing and the corresponding free-rider phenomenon. Thus we could draw a basic conclusion for the antimonopoly authorities: if the RPM strategy of certain companies have a significant effect of excluding and restricting competition, consumer jump-dealing should be encouraged and supported; if consumer jump-dealing leads to significant unfair competition and severe free-rider problems, the RPM strategy of companies should be exempted.

This new theoretical discovery could provide fresh perspectives on antimonopoly legal practices surrounding RPM. Every country has generally similar principles on antimonopoly legal practices concerning RPM. The difficulty lies in the economic analysis of the exemption conditions. According to the above-mentioned jump-dealing and RPM offsetting theory, we can make judgments about whether it is necessary to conduct antimonopoly regulation and how to do it, just by asking the following questions: Does jump-dealing exist, and what is the degree of jump-dealing? This is a new perspective of legal practice at least. For example, if jump-dealing is severe (while the rate of price difference tends to decrease), then RPM is of no great concern; if jump-dealing is rare (while the rate of price difference tends to increase), then antimonopoly legal practices for RPM should be strengthened. If we inspected the competition in China's book industry according to this theory, we could get a clearer conclusion and policy orientation.

5. Conclusions and Advice

The Internet and the corresponding technological revolution

could impact on and transform every aspect of modern society, such as the economy, politics, culture, law, and diplomacy. Facing the consequences of the Internet, China's book industry tries to maintain traditional bookstores through restricting the discount of newly-published books, which seems to be passive, blunt, conservative and unrealistic.

First, we should comprehensively analyze competition and monopoly in every link of the whole industry from a vertical relation perspective. The downstream competition is doomed to be contorted under the condition of administrative monopoly in the upper stream and lack of competition in the middle stream. Viewed from the retailers' horizontal perspectives, the problem of SBWP and jump-dealing do exist, as does the corresponding free-rider problem. However, from the vertical perspective, jump-dealing is to some extent reasonable, since it could be a powerful resistance against monopolies such as resale price maintenance. Because of the positive effect of jump-dealing on prompting competition, we can't totally negate all SBWP deals in book retailing.

Second, the widely existing jump-dealing in the book industry is an unavoidable result of the interaction between business models and customer purchasing patterns, which is shown by the positive correlation between the rate of jump-dealing and the rate of price difference. Therefore, based on the "jump-dealing and

RPM offsetting theory", the government administrative department and antimonopoly authorities should deal properly with any one-sided appeal and should not easily intervene into the issue.

Third, in the process of SBWP and jump-dealing, free-riding of online booksellers on traditional booksellers is not reasonable. Some sort of compensation from online booksellers to traditional booksellers should be considered. The traditional bookstore could take a vertical strategy (developing online book sales) and/or a horizontal strategy of diversified operations. However, the traditional booksellers should not depend on RPM or regulating the discount of newly-published books to survive. Some traditional bookstores should exit from the market as soon as possible, for the shrinking of brick and motar bookstores is a universal phenomenon.

Fourth, from a broader perspective, the government needs to regulate the competition in the book industry based on the *Anti monopoly Law*. The focus should be on loosening the entry barrier of the market and breaking the ISBN monopoly, instead of the RPM actions. The level of economic analysis and expert testimony should be improved in the vertical monopoly cases in China. Also, the law enforcement of "illegal in principle, exempt exceptions" needs perfection. The case of *Dr. Miles Medical Company v. Park & Sons Company* (220 U. S. 373, 1991) is one of the classic examples (Xue, 2013). It was not until 1960 when the U. S. economist Lester G. Telser gave this case a scientific explanation in law and economics (L. G. Telser, 1960). His analysis included jump-dealing, but he failed to give any economic concept to this issue, let alone a research framework. Hopefully the "jump-dealing and RPM offsetting theory" raised in this article can make some contribution to the industrial organizational theory and other relevant theories in law and economics.

References

〔1〕Huang, Yong. 2012. "The Analytical Method Path of Law Enforcement about Resale Price Maintenance." *Price Theory & Practice*, 12: 4-6.

〔2〕Mathewson, Frank, and Ralph Winter. 1998. "The Law and Economics of Resale Price Maintenance." *Review of Industrial Organization*, 13: 57-84.

〔3〕Posner, Richard A. 1976. *Antitrust Law: An Economic Perspective*. Chicago: University of Chicago Press.

〔4〕Shy, Oz. 2013. "Window Shopping." Working Paper, No. 13-4, Federal Reserve Bank of Boston.

〔5〕Tang, Yaojia. 2011. "Administrative Market Power and Vertical Book Price Distortion." *Review of Industrial Economics*, 10(3): 1-12.

〔6〕Telser, L. G. 1960. "Why should Manufacturers Want Fair Trade?"

Journal of Law and Economics, 3: 86 - 105.

[7] Xu, Guangyao. 2011. "Antimonopoly Analysis on Maintenance of Resale Price." *Zheng Fa Lun Cong*, 4: 98 - 103.

[8] Xue, Zhaofeng. 2013. "Don't Interfere Rashly with the Market Mechanism of Milk Powder Industry." *The Economic Observer*, 27 July.

[9] Yu, Li. 1992. "On Vertical Dual-pricing System." *China Price*, 8: 45.

[10] Yu, Li and Bo Feng. 2013. "Three Junior Talismans for Reform & Development of China's Economy." *Reform*, 1: 5 - 17.

[11] 2012. "The Analysis of Supreme People's Court's First Guiding Judicial Case based on Law & Economics-Cases Study of 'Jump-Dealing'." *Research on Financial and Economic Issues*, 9: 25 - 31.

[12] Yu, Li, and Jianlin Wang. 2008. "Vertical Dual-pricing System: Economic Analysis and Solution of Electricity Shortage." *China Industrial Economics*, 10: 43 - 52.

附录 2

Jump-Dealing and Resale Price Maintenance：An Offsetting Theory and Its Policy Implications[①]

Abstract：Resale price maintenance（RPM）exerts both positive and negative influences on the market competition. Such duality and the consequent difficulties in presenting evidence have often become highly controversial issues in anti-monopoly law enforcement. We found that in reality, effects of jump-dealing and RPM can offset each other. This paper systematically proposed the offsetting theory of jump-dealing and RPM, and analyzed their policy implications for anti price monopoly, thus providing some simple principles

---

① 本文中文版《跳单与 RPM 互克理论及其政策涵义》，首次发表于《价格理论与实践》2014 年第 3 期。为了更好地传播中国的经济学研究成果，中国社会科学院的《中国经济学人》编辑部将其译为英文，发表于 *China Economist*，2014，Vol. 9，No. 3。The authors are Yu Li，Feng Bo and Xu Zhiwei.

Project Funding：National Natural Science Foundation of China "The B-T-C Paradigm and Application of Jump-Dealing Problems"（71272190）.

and methods to the law enforcement against vertical price monopoly. This will not only reduce the possible "superfluous actions" in current law enforcement, but also help avoid compounded mistakes due to difficulties of enforcement.

Key words: offsetting theory, resale price maintenance (RPM), jump-dealing (JD), price difference in distribution channels (PD), price monopoly

JEL Classification: L42, K21

1. Introduction

Price monopoly, also known as monopoly agreements, includes agreements, decisions and other concerted conducts designed to eliminate or restrict competition. Monopoly agreements, concentrations of undertakings and abuse of market power make the three major targets of antitrust law enforcement. Monopoly agreements usually consist of vertical and horizontal agreements; Chapter II (Articles 13 to Article 16) of the *Anti-Monopoly Law of the People's Republic of China* comprises of special provisions against monopoly agreements, in which Article 13 and Article 14 are for vertical and horizontal agreements respectively.

In judicial practice, the vertical agreement, often called resale price maintenance (abbreviated as RPM), is a kind of vertical restraints. Vertical restraints consist of intra-brand restraints and inter-brand restraints. The former is generally associated with RPM, while the latter includes tying contract, exclusive dealing agreement, etc. Cases of RPM are specified in Article 14 in the *Anti-Monopoly Law* as, "(1) on fixing the prices of commodities resold to a third party; (2) on restricting the lowest prices for commodities resold to a third party; and (3) other monopoly agreements confirmed as such by the authority for enforcement of the *Anti-monopoly Law* under the State Council." But from a practical viewpoint, RPM is primarily manifested in three ways: the first one is to set the minimum price and the fixed price (i. e. the first two cases mentioned above) aiming at maintaining a higher price for a long term, which is the case most commonly seen; another way is to restrict a maximum price with the purpose of maintaining a lower price for a short term, which is essentially a "predatory pricing" behavior as prohibited in Article 11 in the *Law Against Unfair Competition of the People's Republic of China*, but not stipulated in the *Anti-Monopoly Law*; the third one is to set different prices in different sales regions, which is in essence price discrimination. RPM mentioned in this article generally refers to the behavior of setting fixed price or minimum price as stipulated in Article 14 of the *Anti-Monopoly Law*.

Typically, RPM has the negative effect of inhibiting vertical price competition, but it can also promote non-price competition

(for instance, restraining free-rider), which is a positive effect, suggesting that RPM is not an entirely harmful behavior. The U. S. Supreme Court's ruling in 1911 on the case *Miles v. Park* (Dr. Miles Medical Co. v. John D. Park and Sons Co., 220 US 373, 1911) has found RPM "per se illegal". In 2007, taking Judge Richard Posner's opinion, the U. S. Supreme Court overturned the original ruling after over a hundred years, and acknowledged the duality of RPM (Xue Zhaofeng, 2013). Article 15 in the *Anti-Monopoly Law of the People's Republic of China* also stipulates that if under certain conditions it can be proved that "the agreement can enable consumers to share the interests derived from the agreement, and will not severely restrict the competition in relevant market", RPM can be exempted from the Law.

Practices show that vertical agreements are easier to comply with Article 15 than horizontal agreements, or in other words, the anti-monopoly law enforcement or justice will face greater difficulties in presenting evidence and controversy when dealing with RPM behavior that needs more "rule of reason". In regulating RPM, China has implemented a parallel legal system that the administrative body (specifically refers to the NDRC Price Supervision and Antitrust Bureau) conducts law enforcement while the courts run the judicial duty. Proofs of that can be found in the difficulties the administrative agency met with when dealing with administrative cases such as the policy restricting the discount on books, and the court encountered when ruling cases like the *Rui Bang v. Johnson & Johnson*. So, is there some simple way that could not only improve the situation that we fail to give dual attention to antitrust law enforcement and justice due to the duality of RPM, but also simplify the procedures and make it easier to present evidence, or even skip this part? Our latest research offered a positive answer. To be specific, when there jump-dealing occurs, thanks to its offsetting effect with RPM, under certain conditions, RPM can be exempt by antitrust agencies; moreover, sometimes RPM should be encouraged. Obviously, this theory and discovery have made contribution to the law and economics, in particular the antitrust economics.

2. Jump-dealing, RPM and Price Difference in Distribution Channels

2.1 Jump-dealing and Its Restraint on RPM

The phenomenon of jump-dealing has long been existed, only seldom systematically studied before. Words like "showrooming" or "window shopping" bear similar meaning to jump-dealing, but they only emphasize a particular side. In general, jump-dealing phenomenon has the following features: (1) there are at least three parties in the dealing; (2) out of economic rationality, one party actively or passively cooperates with another party while skipping the third one; (3) such cooperation takes advantage of the third party, and can directly or indirectly harm the interests of the third party, such as the free-rider problem. If the common practice of RPM is to restrict the minimum price so as to achieve the purpose of maintaining higher prices, then with notable PD, jump-dealing happens as long as there is chance. Therefore, under normal circumstances, jump-dealing can noticeably promote price competition, hence inherently a natural enemy of RPM. But to clarify, although purchase behaviors due to significantly lower price (such as direct online shopping) exist and have similar effects on promoting competition, they are not a kind of jump-dealing because there is no free-rider.

For example, the very first guiding case released by the Supreme People's Court of China in 2011 was the "intermediary contract" jump-dealing case, in which the buyer skipped one intermediary and closed the transaction with another intermediary (there was free-rider problem to a certain extent) when the price difference was large. This is consistent with the individual economic rationality, and conducive to reasonable competition in the housing industry (Yu Li & Feng Bo, 2012). In the same manner, in recent years, direct online shopping prevails in the sales of books, clothing, furnishing and electronic devices and appliances in various countries, and many people choose to experience products in shops and buy them online, which is also a jump-dealing behavior. These phenomena are natural and inevitable as the Internet-based e-commerce emerged. Among them, attempts to maintain high prices through RPM made by publishers or bookstores are not only ineffective, but also suspected illegal (Yu Li, Xu Honghai & Feng Bo, 2013).

This article tends to explore the question that, when the price difference is large, jump-dealing will automatically reduce or eliminate the effect of RPM, and sometimes successful RPM can also effectively restrain jump-dealing, which means there is offsetting effect ① between them, then what is the mechanism for their interaction? Taking both their positive and negative effects into account, how can we take full use of the advantages while avoiding the disadvantages? Or to take a step back, even if to eliminate all the disadvantages is beyond our ability, we should at least stop the disadvantages from outweighing advantages. It is of instructive and profound significance to the antitrust enforcement as well as the operation of related business to study and solve these problems.

---

① According to the philosophy of "yin and yang", RPM and jump-dealing not only offset each other, but also promote each other. For example, the implementation of RPM by upstream manufacturers may also cause the price difference, which, if too large, could lead to jump-dealing. Jump-dealing in turn suggests the existence of price difference. The upstream manufacturers may also use RPM to narrow the price difference in order to suppress the jump-dealing problem.

2.2 PD as a Link between RPM and Jump-dealing

According to the basic principles of economics, under sufficient market competition, the prices of the same commodity in different distribution channels tend to converge. However, that is not always the case in reality. A product is usually sold at different prices in different distribution channels, thus forming the PD.

The mechanism of the formation and evolution of PD suggests that if some upstream manufacturer has employed the RPM strategy and restricted the minimum price, it will result in direct and indirect effects. Direct effect that affects enterprises refers to the maintenance of downstream price in its own channels. It is reflected by the enlargement of PD, i. e., setting higher prices in its own channels and taking advantage of the price gap in order to make gains from monopoly within a certain time. Indirect effect, in terms of the market, refers to the impact on prices in other channels in related downstream markets; that is to say, prices in other channels will follow this trend and the price level in related markets tend to converge, which will make the overall price level deviate upward from a fully competitive level, and the degree of deviation depends on market competition. In general, the combined effect of using RPM strategy is demonstrated by convergence of real market prices towards a higher level, and the PD will broaden and converge at a high level. The effect of RPM in this article actually means the combined effect.

In terms of the consequences of PD, large PD will attract consumers to experience and choose the products through one channel (usually the shops due to higher prices) while purchasing them through another (usually online shops due to lower prices), thus causing jump-dealing phenomenon. Certain degree of jump-dealing can lead to more competitive markets in which the sales of commodities sold in more expensive channels will decline, and the market price will converge towards a lower level close to sufficient competition. In contrast with the role of RPM, jump-dealing narrows the PD and make it converge towards a lower level.

Therefore, we may understand the trinity interrelationships between RPM, jump-dealing and PD. The PD serves as a link between RPM and jump-dealing, while RPM and jump-dealing offset the effect of each other. The following theoretical model accurately and comprehensively describes this complex interrelationship.

3. Model of Offsetting Theory of Jump-dealing and RPM

The complete model of the offsetting theory of jump-dealing and RPM consists of "two lemmas", the "fundamental theorem", the "duality combination" and the "three-zone partition", which will be discussed below.

3.1 Two Lemmas Based on PD

If we assume that other factors (such as sales service, product attributes, customer preferences and income levels) remain unchanged and focus on the relationships between PD & jump-dealing and PD & RPM, there are two lemmas as follows:

Lemma 1: Taking no account of the RPM behavior, price difference in distribution channels is positively related to the degree of jump- dealing. As shown in Figure B – 1 (a), the horizontal axis represents the PD and the vertical axis the degree (amplitude or frequency) of jump-dealing; the bigger the PD, the higher the degree of jump-dealing, i. e., they are positively correlated. The reason can be easily understood. For example, in retail, when the PD is large enough, consumers will naturally choose to buy lower-priced goods and services instead of higher ones; while when the PD is small, there is no reason for jump-dealing.

Lemma 2: Taking no account of the jump-dealing behavior, price difference in distribution channels is negatively related to the effect of RPM. As shown in Figure B – 1 (b), the horizontal axis still represents the PD and the vertical axis indicates the strength of the effect of RPM. Unlike the proportional relationship between jump-dealing and PD, the effect of RPM is negatively correlated with PD. For instance, latent PD indicates a strong combined effect of the existing RPM strategy and that the purpose of controlling the market price has been achieved. Such situation is easy to be overlooked by antitrust agencies, thus rather harmful. Besides, under normal circumstances, the first upstream dominant enterprise to use RPM can not only benefit itself, but also stimulate other enterprises to follow and adjust their prices accordingly, which will eventually make the market price to deviate upward from competitive prices. On the contrary, if prices of the same product vary in the market and the PD is relatively large, then the combined effect of RPM is weak; even it works occasionally and temporarily, it is highly noticeable, and the purpose of maintaining prices cannot be achieved.

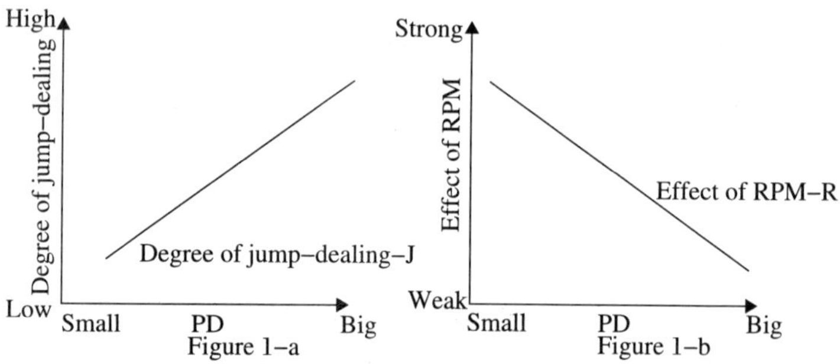

Figure B – 1 One-way Relationship between PD & Jump-dealing and PD & RPM

These two lemmas (especially Lemma 2) are abstract, so here we will take the book industry in China as the case to illustrate the lemmas (Yu Li, Xu Honghai & Feng Bo, 2013). There are two channels, namely book stores (offline stores such as Xinhua Bookstore) and online shops (online distributors, such as www. dangdang. com), for book retail. The fact that book prices in book stores are 20% -40% higher on average than that in online shops makes it an obvious option for the buyers to purchase online, resulting in operational difficulties for most of the book stores. Either the buyers "purchase online directly" (no free-rider problem) or "store-browsing & web-purchasing" (free-rider problem exists, i. e., jump-dealing happens), it is natural that such a huge price difference will result in jump-dealing phenomenon. The above analysis is in line with Lemma 1, and applicable to most of the countries in the world.

Then we move to Lemma 2. Book stores in a passive position, together with the upstream publishers, tried to implement vertical restraints and called on the government to restrict the discount on books (in essence an RPM behavior) in order to maintain higher book prices for their survival and profitability. If the price difference between book stores and online shops reduces or even disappears because of the restriction upon discount on books, then it is proved that the effect of RPM is strong and that such effect clearly suppresses market competition, which means RPM in the book industry should be strictly restricted. But the fact is, when PD is too large, such vertical restraints exert almost zero effect. Even without the jump-dealing behavior of "store-browsing & web-purchasing", "purchasing online directly" alone is sufficient to break the RPM behavior. Moreover, due to the suspicion that it is illegal, antitrust agencies are bound to be cautious, and the government and the judiciary too have no reason to force the implementation of RPM. It was an extreme case of RPM that in the past, book sales in China were dominated by Xinhua Bookstore, where there was neither price difference nor competition. After the rise of online shops, PD came into existence and gradually enlarged. It is foreseeable that the market prices will converge at a certain stage. Obviously, above analysis is in line with Lemma 2.

3.2 Fundamental Theorem of Offsetting Theory of Jump-dealing and RPM

Lemma 1 and Lemma 2 only show the one way yet reverse relationships between PD & jump-dealing and PD & RPM. They, to some extent, explain economic realities; however, that is far from enough because the key lies not only in the above-mentioned relationships, but more importantly, in the offsetting effect between jump-dealing and RPM, or in other words, the mechanism of the offsetting effect between them when other factors stay unchanged, as well as the policy implications we see from it. Therefore, we combined Figure B－1(a) and Figure B－1(b) to have derived the relationship between jump-dealing and RPM as shown in Figure B - 2, and analyzed the trading off relationship between them.

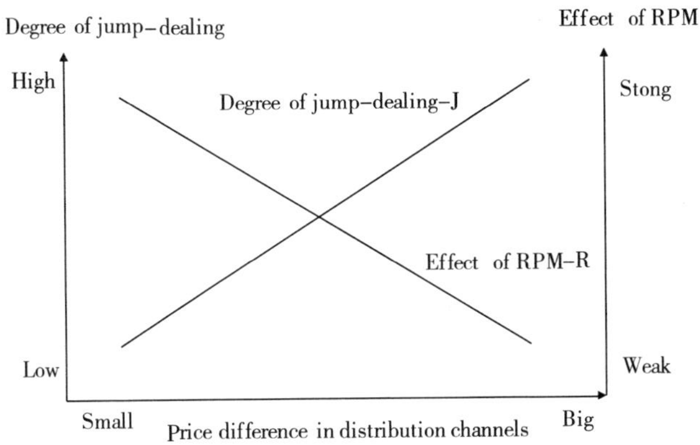

Figure B - 2 Diagram of Offsetting Theory of Jump-dealing and RPM

In Figure B - 2, the horizontal axis represents the PD ascending from left to right, the left vertical axis represents the degree of jump-dealing increasing from the bottom to the top, and the right one represents the effect of RPM strengthening from the bottom to the top. Thus, Line J (stands for the degree of jump-dealing) in Figure B - 1(a) and Line R (stands for the effect of RPM) in Figure B - 1(b) constitute a cross.

Consequently, we can arrive at the "offsetting theorem of jump-dealing and RPM": when other factors remain unchanged, the higher the degree of jump-dealing, the weaker the effect of

RPM; the lower the degree of jump-dealing, the stronger the effect of RPM; and vice versa. That is to say, in Figure B－2, from left to right, with the expansion of the PD, jump-dealing imposes increasing restraints on RPM; from right to left, with the decrease of the PD, RPM imposes increasing restraints on jump-dealing.

This is the fundamental theorem of the offsetting theory of jump-dealing and RPM, which also serves as the theoretical foundation of "duality combination" and "three-zone partition". The significance of the offsetting theory lies in that antitrust authorities can benefit from such effect during their anti-price-monopoly law enforcement to watch and keep track of the changes of RPM and make full use of jump-dealing's positive influences, thus overseeing the market by doing nothing that goes against nature. Besides, relevant agencies can reduce the negative effects of jump-dealing through restriction or exemption of RPM instead of directly involving in the governance of jump-dealing.

3.3 Duality Combination of Jump-dealing and RPM

The offsetting theorem of jump-dealing and RPM explains the trading off relationship between the degree of jump-dealing and the effect of RPM, which is not yet sufficient to cover all the profound meanings of the offsetting theory because the duality of them that they both have positive and negative effects on market competition has not fully been taken into account. In terms of jump-dealing, its positive effect is to promote price competition (usually the market price reaches a lower level); yet it also negatively causes the free-rider problem. So, jump-dealing improves efficiency while undermining market fairness. As to RPM, its positive effect is to reduce the free-rider problem, but it also has the negative effect of suppressing price competition (usually to maintain a higher-level market price), which means that RPM is conducive to fairness while lowers efficiency. Their effects and overall evaluation are listed in Table B – 1.

Table B – 1 Duality of Jump-dealing and RPM

	Positive effect	Negative effect	Overall evaluation
Jump-dealing	Promoting price competition (towards lower price)	Triggering free-rider problem	Promoting efficiency but unfair
RPM	Restraining free-rider	Suppressing price competition (towards higher price)	Promoting fairness but inefficient

It will be easier for us to solve the problem if jump-dealing and RPM only have one side of effect each; however, due to their duality, in order to make effective use of the offsetting effect between them, we must strive to draw on advantages while avoiding disadvantages, that is, to magnify positive effects and at the same time lessen the negative effects.

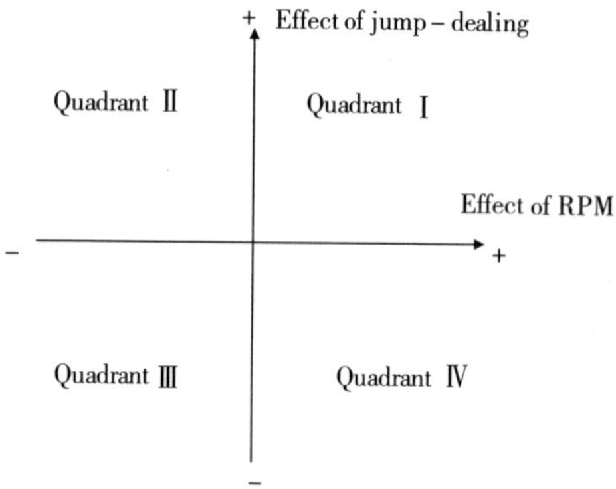

Figure B – 3 Combined Effects of Jump-dealing and RPM

As shown in Figure B – 3, to combine the positive and negative effects of jump-dealing and RPM, we may come to four (2 × 2) pairs of relationships: (1) positive effect of jump-dealing + positive effect of RPM (Quadrant Ⅰ); (2) positive effect of jump-dealing + negative effect of RPM (Quadrant Ⅱ); (3) negative effect of jump-dealing + negative effect of RPM (Quadrant Ⅲ); (4) negative effect of jump-dealing + positive effect of RPM (Quadrant Ⅳ). Apparently, the combination of positive effects in Quadrant Ⅰ is most desirable; or we may call it the "ideal quadrant". The combination of negative effects in Quadrant Ⅲ is the least desirable, also known as "abandoned quadrant". In Quadrants Ⅱ and Ⅳ, positive and negative effects coexist and they offset each other to some extent. Our objective of policy combination is to get as close as we can to Quadrant Ⅰ. Of course, in reality the coexistence of the positive and negative effects of jump-dealing and RPM is mostly commonly seen, which requires a comprehensive analysis of the net effect of them on competition.

3.4 Three-zone Partition of Jump-dealing and RPM

The duality combination shown in Figure B – 3 is correct but less practicable. Therefore, based on the "two-line three-zone quartering" principle ① (Yu Li, 2013), we may divide Figure B – 2 into three zones and then conduct the policy combination accordingly, thus getting a clearer idea. Please see Figure B – 4.

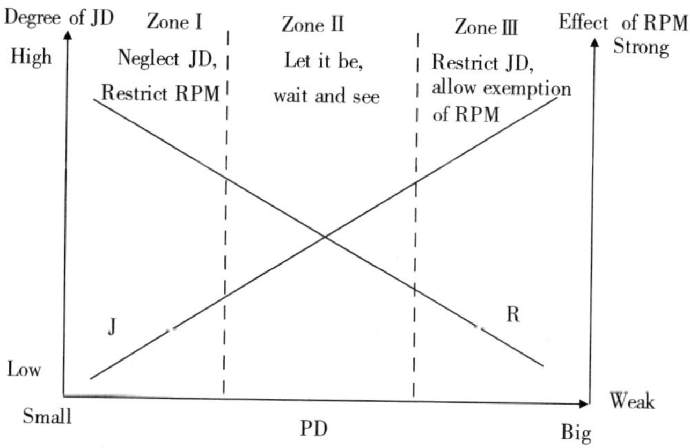

Figure B – 4 Three-zone Partition of Jump-dealing and RPM

① In the construction of the basic analysis methods for Economics of Jurisprudence, Yu Li systematically proposed the "two-line three-zone quartering" paradigm, which has been successfully applied in the study of many complex problems.

In Zone Ⅰ where the PD is relatively small, Line J (for the degree of jump-dealing) is in a low position while Line R (for the effect of RPM) is high above, which demonstrates that the RPM works well and jump-dealing seldom happens. In this case, the positive effect of jump-dealing to promote price competition is not apparent; in the meantime, there are few free-rider problems. But the negative effect of RPM that suppresses price competition is prominent and lack of enough restraint by jump-dealing. The combined effect in this zone is more of the negative effect of RPM that suppresses price competition; therefore, the focus of policy combination should be to "ignore jump-dealing and restrain RPM".

In Zone Ⅲ where the PD is relatively big, Line J (for the degree of jump-dealing) is in a high position while Line R (for the effect of RPM) is down below, which illustrates that the RPM's suppression on price competition is not noticeable and jump-dealing happens quite often. In this case, the positive effect of jump-dealing to promote price competition is apparent, and there is no need to worry that RPM may exert its negative effect to suppress price competition. But more jump-dealing can lead to more serious free-rider problem, while the positive effect of RPM to reduce such problem is limited. The combined effect in this zone shows more in the free-rider problem caused by jump-dealing; therefore, the focus of policy combination should be to "restrain jump-dealing and allow exemption of RPM".

Compared with other zones, Zone Ⅱ is both complex and simple. It is complex in that the relationship between factors is complicated, yet it is simple because due to strong offsetting effect, antitrust authorities can just let the situation be. In Zone Ⅱ, Line J and Line R form a cross, which suggests that with the expansion of PD, consumers' (or downstream distributors') drive for jump-dealing enhances, so the degree of jump-dealing will undoubtedly increase. Meanwhile, the expansion of PD also indicates that RPM's effect of vertical price restraints, although not as obvious as in Zone Ⅰ, will be higher than that in Zone Ⅲ. The orientation of the effects of jump-dealing and RPM in this zone is not so clear as in Zone Ⅰ and Ⅲ, but the combined effect is clearly more pronounced. Evidently, Zone Ⅱ is more applicable to the study of the offsetting theory of jump- dealing and RPM, thus the research priority. The focus of policy combination for this zone should be to "let it be, wait and see".

According to the above-mentioned offsetting theory of jump-dealing and RPM and the focuses of policy combinations, it can be summarized into a simple principle of law enforcement as shown in Table B – 2 for RPM. Of course, due to different industry attributes and lack of enough relevant judicial precedents, it is hard to partition strictly the "three zones" based on empirical data. However, with more cases and research results in the future, the partition of "three zones" will gradually be quantitative instead of qualitative.

Table B - 2 Policy Combination and Principle of Law Enforcement Based on the Offsetting Theory

Zone	Basic features	Policy combination	Principle of RPM Enforcement
Ⅰ	· Small PD, low jump-dealing degree, weak restraint on RPM; · Strong RPM effect, strong restraint on jump-dealing, negative effects on price competition	Ignore jump-dealing; Restrain RPM	Per se illegal
Ⅱ	· Moderate PD, jump-dealing degree and restraint on RPM; · Moderate RPM effect, restraints on price competition and jump-dealing; · Jump-dealing and RPM offset each other	Let it be; Wait and see	Rule of reason
Ⅲ	· Big PD, high jump-dealing degree and strong restraint on RPM; · Weak RPM effect, weak restraint on price competition and jump-dealing	Restrain jump-dealing; Give RPM exemption	Per se legal

4. Case Study

According to the offsetting theory of jump-dealing and RPM and its simple principle of law enforcement, based on the three-zone partition, we can try to make evaluations on the legal effect of typical cases such as the "Rui Bang v. Johnson & Johnson" and the jump-dealing case "Zhongyuan Property Consultancy v. Tao Dehua", and further provide recommendations for solving jump-dealing problems like "store-browsing & web-purchasing", "rent-less & sale-more", "hospital-diagnosing & store-purchasing", "copycatting for intellectual property right", etc. It should be noted that some of these cases and jump-dealing problems are related to the RPM phenomenon in a broad sense, but their nature and impact is consistent with the RPM in narrow sense. For specific cases and recommendations please see Table B – 3.

Table B – 3 Typical Cases and Recommendations

Case	PD / Zone Location	Evaluation and Recommendations
The First RPM Judicial Case—"Rui Bang v. Johnson & Johnson" (medical equipment industry)	Rate of PD: 5% – 6%; Zone Ⅰ	· Strong restraint from RPM on jump-dealing; · RPM is per se illegal.

continued table

Case	PD / Zone Location	Evaluation and Recommendations
Supreme People's Court's First Guiding Judicial Case—Jump-dealing Case of "Shanghai Zhongyuan Property Consultancy v. Tao Dehua" (real estate brokerage industry)	Rate of PD: 16% – 20%; Zone Ⅱ	· RPM and jump-dealing offset each other; allow jump-dealing; · Jump-dealing is legal; · No need to prohibit RPM; brokers reduce information costs.
Jump-dealing Case of "Store-Browsing & Web-Purchasing" (book industry)	Rate of PD: 20% – 40%; Zone Ⅱ	· RPM and jump-dealing offset each other; allow jump-dealing; · At most give RPM exemption, but never support book price RPM; · Bookstores implement vertical integration or cross-subsidization to deal with free-rider problem.
Jump-dealing Case of "Rent-Less & Sale-More" (Shopping mall business model)	Rate of PD: 20% – 50%; Zone Ⅱ	· RPM and jump-dealing offset each other; · Government just wait and see; · Malls optimize rent structure; tenants improve services; vertical integration restrains jump-dealing.

continued table

Case	PD / Zone Location	Evaluation and Recommendations
Jump-dealing Case of "Hospital-Diagnosing & Store-Purchasing" (medical industry)	Rate of PD: 50% – 80%; Zone Ⅱ	· RPM and jump-dealing offset each other; allow jump-dealing; · Government shall loosen market entry for hospitals and abolish medicine layer price-plus system; · Enhance competition among hospitals and reduce intermediate links.
Copycatting for Intellectual Property Right Goods	Rate of PD: 90%; Zone Ⅲ	· Jump-dealing restrains RPM and should be restricted; · IPR related RPM is per se legal; · Government shall restrain jump-dealing, protect IPR and encourage innovation.

The part below consists of interpretations of Table B – 3.

Firstly, the "Rui Bang v Johnson & Johnson" case. This was the first RPM judicial case in China which has profound instructive significance to the anti-price-monopoly law enforcement and justice. Johnson & Johnson implemented RPM policy towards downstream companies, but Rui Bang, one of the downstream companies, set its sales price 6% lower than the fixed price; so the rate of PD is considered to be 6%, belonging to Zone Ⅰ.

Shanghai Higher People's Court in second verdict found the RPM behavior of Johnson & Johnson illegal. According to our offsetting theory, small PD means lack of drive for jump-dealing for downstream distributors, so the effect of RPM is strong which is potentially capable of suppressing price competition. Therefore, in this case, it is recommended to follow the principle of law enforcement that RPM is "per se illegal" to strictly restrict the RPM behavior. In short, the court's second verdict is appropriate according to the law (Yu Li & Feng Bo, 2014).

Secondly, the jump-dealing case of "Zhongyuan Property Consultancy v. Tao Dehua". This was the first guiding judicial case released by the Supreme People's Court of China, which has for the first time defined the legal nature of jump-dealing and could neatly illustrate the relationship between PD with RPM and jump-dealing. A buyer signed the *Confirmation of Real Estate Agency Relationship* with a housing agency at the price of RMB 1.65 million, but soon bought the same house through another housing agency at RMB 1.38 million, which represented a PD of RMB 270,000, the rate of which was 16% or 20%, belonging to Zone II. In this case, jump-dealing could make it a vain attempt for the first broker to try to maintain a high price by contractual agreements, which is in fact a RPM behavior. Therefore, the lower court's verdict that the jump-dealing behavior was illegal was not appropriate according to the law, and the appeal court changed the ruling and found it legal, which was more appropriate. However, according to our offsetting theory, the second verdict has totally ignored the costs of agency information, which was a clear regret in law (Yu Li & Feng Bo, 2012).

Thirdly, the jump-dealing problem of "store-browsing & web-purchasing". In recent years, with innovations of the Internet-based "platform" business model, the phenomenon of "store-browsing & web-purchasing" (or "web-browsing & store-purchasing") is largely seen in the retail sector of many commodities. In the book industry, the rate of price difference between bookstores and online bookstores is generally about 20% -40%, belonging to Zone II. In the book industry, the RPM policy of "fixed price, tiered discount" was once implemented, contributing to higher book prices. After the emergence of online bookstores, book buyers, facing greater price differences, unsurprisingly prefer the way of "store-browsing & web-purchasing" (jump-dealing behavior), which, together with direct online purchasing (not a jump-dealing behavior), has made the RPM policy an empty shell. Bookstores had tried to restrain jump-dealing by RPM policy like restricting discounts on books, but due to the huge price difference, the combined effect of jump-dealing and direct online purchasing has again made the RPM policy useless. According to our offsetting theory, the positive effect of jump-dealing to promote price competition in the book industry is very strong; although there are some free-rider problems, government agencies should not intervene at their will. On the contrary, the RPM policy should never be implemented, but at most be exempt. Meanwhile, bookstores can implement strategies such as vertical integration or cross-subsidization to deal with the free-rider problem. In short, it is recommended to encourage market competition and reduce government intervention based on the law enforcement principle of "rule of reason" (Yu Li & Xu Honghai & Feng Bo, 2013).

Fourthly, jump-dealing problems of "rent-less & sale-more" and "mall-browsing & web-purchasing". In large shopping malls that mainly deal in venue rental business, phenomena like "rent-less & sale-more" (to rent less to escape rentals and gain more profits through behind-the-scene deals) and "mall-browsing & web-purchasing" (customers browse goods at the mall but purchase online) tends to happen simultaneously, which can be called as "double jump-dealing". Research shows that the costs of booth rental in a large shopping mall typically account for about 30% of the total operating costs for a tenant; these costs will then be covered in the sales prices of commodities, forming price differences between shopping malls and non-malls (including factory outlets, independent sales by vendors or online sales), and the rate of the price difference is generally 20% – 50%. To cope with such situation, shopping malls usually choose to increase rentals or adjust the rent structure, and they sometimes develop the RPM strategy of "same price online and offline". However, because of large PD, tenants or customers have more drive for jump-dealing, leading to limited effects of the RPM strategy. According to our offsetting theory, the positive effect of jump-dealing could be used to restrain the negative effect of RPM, and shopping malls could at the same time optimize the rent structure, improve the quality of services or implement vertical integration strategies to reduce the free-rider problem, so as to lead the combined effect towards the ideal quadrant. The best choice for government agencies is to wait and see, letting jump-dealing and RPM to restrain each other (Yu Li & Wang Yue, 2014).

Fifthly, the jump-dealing problem of "hospital-diagnosing & store-purchasing". Research shows that in the medical industry, the phenomenon of "hospital-diagnosing & store-purchasing" is commonly seen, mainly because many drugs are sold in the hospital at a price 8 to 10 times that of the ex-factory price, and the rate of price difference between the hospital and the drugstore reaches as high as 50% –80 %. Such a huge price difference seems to be in Zone Ⅲ. Yet the main reason for this phenomenon is the administrative monopoly in the medical industry, which is not a market behavior; therefore, it should belong to Zone Ⅱ and requires to follow the "rule of reason". The long-established drug pricing policy allows each vertical link to top up prices for drugs, which, together with the improper market entry and powerful government monopoly of hospitals, has made it a substantial financial resource for hospitals to profit. The large PD leaves some self-paying patients no choice but to diagnose at the hospital and buy medicine in stores, and this kind of jump-dealing behavior is reasonable. The RPM system characterized by administrative monopoly restricts competition, thus extremely unfair. Therefore, it is recommended that, on the one hand, the market entry of hospitals should be loosen to encourage lateral competition among hospitals; meanwhile intermediate links should be cut less and the RPM system characterized by "layer price-plus" be abolished. On the other hand, policies should facilitate patients' jump-dealing behavior of "hospital-diagnosing & store-purchasing" to bring the offsetting effect of jump-dealing and RPM into full play.

Lastly, the problem of copycatting for intellectual property right goods. In the industry in which intellectual property products (such as trademarks and copyright products) compete, the phenomena of "copycat" and "piracy" are quite commonly seen, which is also a generalized jump-dealing behavior. The PD between original products and many copycats of good quality can be extremely huge, and the rate even reaches over 90%, which clearly belongs to Zone Ⅲ. Under such circumstances, if the protection of intellectual property is inadequate, selling and purchasing copycats are often suspected of infringing intellectual property rights. In this case, it is recommended to adopt the law enforcement principle of "per se legal" in dealing with RPM behaviors designed to protect intellectual property rights, and strictly restrict jump-dealing behaviors that infringe on intellectual property rights.

To sum up, according to the offsetting theory of jump-dealing and RPM proposed in this article, antitrust authorities are recommended to take jump-dealing as a basis of evidence presentation and a reference in economic analysis, so as to remarkably simplify the procedures and process to reduce law enforcement costs and improve efficiency. As to the existing cases of vertical restraints, we could reconsider and re-evaluate the original verdicts according to the offsetting theory and its conclusions. Also, in dealing with new cases of RPM in the future, according to the offsetting theory, we could simplify law enforcement and avoid miscarriages of justice. For jump-dealing issues that there is no legal basis at present, it is recommended to take RPM into account and analyze scientifically according to the offsetting theory to reduce unnecessary intervention

References

〔1〕Telser, L. G. 1960. "Why should Manufacturers Want Fair Trade?"

Journal of Law and Economics, 3: 86 – 105.

〔2〕Yamey, B. S. 2008. *Resale Price Maintenance: A Comparative American-European Perspective*. Aldine Transaction.

〔3〕Xue, Zhaofeng. 2013. "Do Not Recklessly Interfere with Market Mechanism of Milk Powder Industry." *The Economic Observer*, July 27.

〔4〕Yu, Li, and Feng Bo. 2014. "The Qualitative & Quantitative Perspectives of RPM-Law & Economic Research on Rui Bang v. Johnson & Johnson Case." *China Price*, (1).

〔5〕2012. "The Analysis of Supreme People's Court's First Guiding Judicial Case Based on Law & Economics-Cases Study of 'Jump-Dealing'." *Research on Financial and Economic Issues*, (9).

〔6〕Yu, Li, and Yue Wang. 2014. "Double Jump-dealing Issue of Hypermarket Business Model." Working paper.

〔7〕Yu, Li, Honghai Xu, and Feng Bo. 2013. "Analysis of the Competitive Relationship in Jump-Dealing-Representing Case of SBWP in Book Industry." *China Industrial Economy*, (9).

〔8〕Yu, Li. 2013. "Numbers and Philosophy-Introduction to Two-lines Three-zone Quartering." In *Handouts in the Class for Outstanding Young Talents in Tianjin University of Finance and Economics* (*Series* 2), an interior material of Center for Economic Analysis of Law and Policy Evaluation, May 2013.

图书在版编目(CIP)数据

跳单问题的法律经济学研究 / 于立等著. -- 北京 : 法律出版社, 2018
ISBN 978 -7 -5197 -2215 -9

Ⅰ. ①跳… Ⅱ. ①于… Ⅲ. ①中介服务－市场管理－经济法－研究－中国 Ⅳ. ①D922.294.4

中国版本图书馆 CIP 数据核字(2018)第 088739 号

跳单问题的法律经济学研究
TIAODAN WENTI DE FALÜ JINGJIXUE YANJIU

于 立 等 著

责任编辑 慕雪丹
装帧设计 汪奇峰

出版 法律出版社
总发行 中国法律图书有限公司
经销 新华书店
印刷 中煤(北京)印务有限公司
责任印制 胡晓雅

编辑统筹 法商出版分社
开本 A5
印张 7.875
字数 149 千
版本 2018 年 6 月第 1 版
印次 2018 年 6 月第 1 次印刷

法律出版社/北京市丰台区莲花池西里 7 号(100073)
网址/www.lawpress.com.cn
投稿邮箱/info@lawpress.com.cn
举报维权邮箱/jbwq@lawpress.com.cn
销售热线/010 -63939792/9779
咨询电话/010 -63939796

中国法律图书有限公司/北京市丰台区莲花池西里 7 号(100073)
全国各地中法图分、子公司销售电话:
统一销售客服/400 -660 -6393
第一法律书店/010 -63939781/9782　西安分公司/029 -85330678　重庆分公司/023 -67453036
上海分公司/021 -62071010/1636　深圳分公司/0755 -83072995

书号:ISBN 978 -7 -5197 -2215 -9　**定价:**59.00 元
(如有缺页或倒装,中国法律图书有限公司负责退换)